열두번째 시집

위대한 외출

홍 윤 표 시집

오늘의문학사

국립중앙도서관 출판시도서목록(CIP)

위대한 외출 : 홍윤표 시집 / 지은이: 홍윤표. -- 대전 :
오늘의문학사, 2013
    p. ;   cm. -- (오늘의문학시인선 ; 322)

ISBN 978-89-5669-575-4 03810 : ₩10000

한국 현대시[韓國 現代詩]

811.7-KDC5
895.715-DDC21   CIP2013020086

위대한 외출

◆ 시인의 말 ◆

나는 23살 청년시절에 지방5급 행정공무원으로 임용되었다. 임용후 직무하면서 정년에 이르기까지 39개 성상을 걸어오며 노도(怒濤) 같은 역경의 숲을 누볐다.

수많은 계절을 등지고 살아오는 동안 우리나라의 찌든 가난의 탈을 벗기기 위하여 땀 흘려 시민과 함께 논과 들을 누볐다. 새 시대가 바뀜에 따라 정책방향은 태풍처럼 불어왔다. 변화의 칼날은 비바람과 소나기, 그리고 매서운 눈보라 속에 함박눈이 쌓인 시절이 많았다.

세월은 말없이 옷을 바꿔 입으면서 흐른다. 난 평소 소월시인의 『진달래꽃』을 좋아했다. 시를 읽을 때마다 느끼는 시적 이미지는 사랑과 이별을 음악적으로 노래했다. 사랑과 이별은 상대적이다. 그러므로 우리 인간은 상대적으로 세월을 먹으며 산다.

그간 공직생활 39년간의 직무를 마치고 2010년 정년퇴임(당시 대호지 면장)하게 되니 이별이란 언어에 노크를 하게 되었다. 직무 중 괄목할 만한 큰 업적은 미약하지만 정년에 이르기까지 위대한 일을 했다고 생각한다.

공직의 문을 닫고 나오면서 마음은 가볍지 않았다. 미련이 있어서도 아니다. 공직에서 지득한 책무는 늘 간직해야 하기 때문에 잠시 외출했다는 생각이다. 정년에 즈음하여 그간 써 온 마음의 흔적을 시집으로 엮고자 다짐했으나 뜻을 이루지 못하고 3년이 흘렀다. 시(詩)는 내 육신과 정신을 엮은 산물이며 몸과 정신을 양육시키는 힐링이다.

 다소 늦었지만 초지일관의 뜻을 기려 『위대한 외출』을 내 놓는다. 열두번째 시집이다. 그 동안 공직생활에서 책무를 다 하도록 협력해 준 동료공직자 여러분께 깊이 감사드린다. 그리고 사랑하는 가족에게 고마운 마음을 전한다. 이제 가벼운 육신이다. 그 동안 못 쓰던 시(詩), 실컨 써보려 한다.

2013년 8월
홍 윤 표

● ● ● 차례

12 | 시인의 말

1부 새들의 집에는 지붕이 없다

21 | 가의도
22 | 검은 슴새
24 | 가난한 뭇줄
25 | 국화꽃
26 | 2326아우에게
27 | 난지도 뱃길
28 | 개복숭아 핀 교정
29 | 단풍잎에 사랑을 쓰다
30 | 딤채 때문에
32 | 미소 짓는 가야산
34 | 바다 위에 핀 불꽃
35 | 상생(相生)의 길
36 | 불타는 공감온도
38 | 새들의 집에는 지붕이 없다
40 | 선거열전
41 | 천사의 나팔꽃
42 | 소래포구 이야기
44 | 복지겸 호령소리
45 | 영업신고증

● ● ● **차례**

2부   위대한 외출

49 | 갈대밭에 영화를 심다
50 | 가요무대 반세기
52 | 갑오징어
53 | 거리에 뿌려지는 돈
54 | 겨울 가로등
55 | 구름 한 점에 아쉬운 바람
56 | 나무의 눈
57 | 내 마음의 구절초
58 | 늙은 벚꽃 두 그루
59 | 두루미가 날고 있다
60 | 물드는 가을소리
61 | 봄눈 내리는 밤은 두렵다
62 | 봄빛은 강물처럼 흐르고
63 | 부부사랑
64 | 사랑엔 겨울이 없다
65 | 사랑은
66 | 상처 취한 남색 깃발
67 | 퇴근길
68 | 소나기
70 | 위대한 외출
72 | 흔들리는 반항

● ● ● **차례**

3부 고독은 새가 달랜다

77 | 고독은 새가 달랜다
78 | 간이역 풍경
80 | 고로쇠물
81 | 구름나그네
82 | 봄보다 먼저 꽃에게
83 | 꿈
84 | 남이섬(南怡島)
86 | 단풍 목소리
87 | 대숲을 울리는 바람소리
88 | 먼 바다
89 | 만원의 행복
90 | 산수유 한 그루
92 | 물길을 채우다
93 | 붉은 노을에 가을이 탄다
94 | 숲으로 난 길
95 | 아카시아와 어머니
96 | 이화원을 돌아보며
97 | 천년 대장경
98 | 불면의 밤
99 | 하늘 속 낙하산
100 | 그대 향한 여행길

● ● ● 차례

4부 낙원동 벚꽃

- 103 | 강물이여 어디로
- 104 | 거미줄
- 106 | 거품의 욕망
- 108 | 고양이 밥상
- 110 | 그 무엇을 찾다
- 112 | 꽃섬 거제도
- 114 | 꽃밭 속의 분꽃
- 115 | 나팔꽃
- 116 | 낙원동 벚꽃
- 118 | 만리향(萬里香)을 심으며
- 119 | 떠나는 가을
- 120 | 무거운 하루
- 122 | 물드는 가을소리
- 123 | 민들레 꽃
- 124 | 양서류의 일기
- 126 | 에로스 가을
- 128 | 어항 앞에서
- 129 | 지하철 3호선
- 130 | 청문회
- 132 | 어머니 손끝
- 133 | 망개떡은 밤을 깨운다
- 134 | 충주댐

작품해설 ‖ 김송배/서정적 자아의 가치관과 자연관 ····· 135

1부

새들의
집에는 지붕이 없다

가의도

중국에 가의라는 사람이 은신했다는 설에
신진도 서쪽 가장자리에 앉아 있다는 설에
가의도라 호적을 올렸다는데
섬에는 삼총사가 있어 섬사람을 위해
분신을 태웠다

독신으로 사는 섬에 육쪽마늘 본산지로
뭍사람들은 섬으로 와 몸을 팔고
뭍사람들은 육쪽마늘이랑 이웃이 되어
모두 한 식구처럼 살았다

섬에는 교장도 살고 노인회장도 살고
학생도 살고 이장도 살아서
뭍사람들이 섬에 왔다 가면 섬이 된다
섬엔 부유한 섬사람들만 남아
마흔 가구 오순도순 마늘 섬을 지킨다

검은 슴새

살기 위해 태어남은 자유다
생물로 태어나 자연의 숲을 둥지삼아
지저귐도 자유다
바다 위에 떠도는 자유로운 작은 섬
독도를 보존하느라 기운을 내고
지저귐으로 액을 막으며
현실을 배우는 검은 슴새
해송과 사철나무 쇠비름 민들레 질경이
명아주 술파랭이꽃이랑 벗이 되지만
그 중에 괭이갈매기는 텃새가 뚜렷해
검은슴새 삶터 사이사이에
천연기념물 제336호로 입적했다
진한 커피 향은 없지만 독도를 지키는 검은슴새
작은 별빛에 위대한 이름을 썼다
지느러미발도요 물수리 노랑지빠귀 노랑발도요
많은 철새들이 드나들면 빈틈없이
독도를 지키고 있다
그는 눈부신 이름을 남기며
농사도 짓고 독도에 집을 지었다 터널까지
살기 위해 짝을 찾아 둥지 틀고

살기 위해 고운 울음 내는 검은슴새
울릉도와 독도 사이에서 노래 부르는
한반도에 합창단이다.

가난한 못줄

빈 몸으로 처마 밑에 매달려 졸던 못줄이
세월의 껍질을 벗고 물꼬 튼 논두렁에 기댄다
물줄기는 좁은 실개천 따라
긴 용수로까지 얼마나 시달려 왔을까
겨울엔 지친 기색이다
탁한 막걸리를 마시며
농가월령가 울려 퍼지는 한 나절
녹슨 경운기 트랙터 이앙기는
발가락 멈출 새가 없다
농가대열에 앞장서 노도怒濤를 외치는
어린 망아지 맥박따라
비단결 깔아 놓인 자운영 꽃들은
봄 문을 열고 행열이다
붉게 물든 자운영 꽃이 방실거린다
맨발벗은 육묘들이 좁은 논틀에서 차례를
기다리지만 봄내 기다린 못줄은
어디로 숨으랴, 쥐구멍이 없다
물꼬 튼 농력農歷의 깊이도 길고 깊어
개나리꽃 햇살에 그을린 가난한 못줄은 이제
그 분노와 열정을 침해할 수 없었다.

국화꽃

어제도 오늘도 그대 앞에 서면
그저 엄숙해진다
왠지 숙연해진다

미당은 한 송이 국화꽃이 피기 위해서
얼마나 많은 담배를 피웠을까
얼마나 봄부터 소쩍새를 찾아 헤맸을까
아니 얼마나 울렸을까

이른 아침 새벽별 지는 걸 모르고
떠난 우리의 아들들이여
서해바다에 산산히 부서진 이름이여
천안함의 영웅들이여
애절한 꽃이라 부르노라
나의 분신이여 부르노라

언제나 미당의 뜰에 핀
국화꽃을 보면 진하게 타오를
가을의 국기를 보듯 슬프고 진한 가슴 안고
눈물을 흘리리라

2326아우에게

그가 지닌 것은 오직 두 다리뿐이었다
지친몸을 씨먹고 난 뒤에도
그는 숨은 그림찾기를 좋아했다
그는 숲을 향해 포복도 하고 주저앉기도 하고
순간 언덕을 오르기도 했다
오감이 지렁이처럼 꿈틀거리는 순간
그는 두근거리는 심장 속까지 들여다 보면서
가던 길을 멈추고 주저앉았다
그는 가끔 후회도 했다
내가 왜 이렇게 불시착할 줄은 몰랐다며
말을 멈춘다 그는 삼대 한의원으로
응급처치를 위해 발을 굽혔다
며칠 후 큰 병원에서 천정에 다리를 묶고
마굿간의 말이 되었다
그가 가두어진 전당은 2326호실
동승한 여섯명의 친구들은 마굿간의 말馬이었다
그래도 가장 멀리 뛸 수 있도록 기도했다

난지도 뱃길

섬이 보이지 않는 뱃길을 잊은 적이 있다
해당화 피는 모랫길 옆으로 간절한 이별가가 흐를 때
난지도 뱃길 따라 홀로 나섰다가
사랑을 깨운 길이 있다

고요가 잠든 밤바다에
연인들의 차가운 음표가 뛰고 있을 때
철없는 바다는 또 뱃길을 닫고 경적을 울린 적이 있다

사랑을 높이는 뜨거운 손을 흔들며
당신이 채워주던 사랑의 주파수
거리가 맞지 않아 투덜대는 죽음의 전파는
황혼길 떠나는 사나운 갈매기 울음이었다

나는 너를 위해 지금껏 살아왔다
얼르고 달래도 돌아오지 않을
당신의 언덕은 어디까지더냐
등댓불 밝혀서 당신이 달려온 아침을 맞는다
선착장이 아무리 비좁아도 공허한
이별이란 말은 던지지 말자

개복숭아 핀 교정

내 얼굴 반쯤을 햇살에 내밀고서야
그 뜻을 알았다
창공은 푸르고 강줄기는 길다
낯선 땅 안동에 와서 포장마차를 찾은
난 불 꺼진 경사로에 폐교된
안동초등학교 운동장을 둘러보며
수많은 아이들 모두가 뛰고
배움을 채우고 나갔을 추억을 회상한다
수절하듯 익어가는 한 여름의 개복숭아
수많은 아이들이 몇 해나 따먹고 떠났을까
안동시, 광야의 이육사가 태어나고
세계 유교유산이 올곧게 남아 있는 곳
도산서원이 생생한 고장에
몸소 가슴 추스르고 역사를 돌고 돌아서
그날의 미소를 던지며 철지난
서원 안마당에 남아 있는 모란꽃 무덤들
권세 위해 유학을 떠날 문경세재 생각에
나는 시골버스를 타고 싶지 않았다

단풍잎에 사랑을 쓰다

가을에는
그리움이 단풍잎에서 타오른다
마른 단풍잎 하나
나풀거리며 물소리를 낸다

들려오는 음향마다
추억과 그리움이 짙어올 때
난 그 옆에서 사랑이라 굵게 쓴다

봄부터 여문 숲 속에선 여명이 울려오니
꽃들은 고독이 영글다
온 세상이 귀엽다
노래가 아름답다

긴 여름을 데우며
마음을 키워낸 단풍잎 편지
배롱나무 꽃 지니 가을이 성큼 섰다
나비 날개타고 날아온 단풍잎에
난 짜릿한 사랑을 쓴다.

딤채 때문에

산 이파리가 무지개를 물들여
낙엽이 바람에 날리면 진풍경은 머지않아
내 몸 안에서 돌기로 시작되었지

배추밭은 국화꽃 끌어안고
가을 끝 기다리다 기다리다
동상에 걸리면 아무 쓸모없는 흉물이 되어
그저 치매에 걸린 떠돌이가 되었고
자폐증에 걸린 폐인이 되었지

앉은뱅이로 주저앉은 사람은
허탈에 빠져 고비사막을 한참 걸어야 했어
스프링클러에 생수를 맡겨
생명을 뿌리던 진한 가을날의 풍경들
그 모습 어디서 찾으랴

철기시대 훌륭한 유물로 만들어진
딤채 때문에 김장철을 장담 못하는 인정들
풍요 속에 장애자가 되었어
배추 값은 분료糞料 값이 되었어

엎드려 절하던 진한 텃밭도
더 이상 귀한 농심을 떠나선 살 수 없는 계절
바닥난 걸 알아야 해, 요즘 새로 난
행복한 딤채 때문에 사계절을 잃어버렸어.

미소 짓는 가야산

가야산이 넝큼 웃는다
서해 한 가운데 기운을 세운 산
가야산은 계룡산에 이어 명산이다
우리의 명산이라면 백두산 한라산 설악산 금강산
지리산이 있지만 가야산은 액운을 모는
암자가 있어 명산이다

경북 합천에 가면 이름이 같은
가야산이 불사(佛舍)로 향을 피우지만
충청도 가야산은 가야사가 자란 곳이라
백제의 미소를 닮은 산이라
밤낮없이 웃는다

산이 웃는다
가야산이 웃는다
산골짜기마다 옛 원효암의 숨결이 잠들고
봄을 만들고 여름이면 화양계곡의
물소리는 섹스폰이다

불교문화가 전래된 상왕산에 개심사가 터잡고
덕숭산엔 천년고찰이며
늙은 목조건축으로 이름난 덕숭총림 수덕사가
가야산의 맥을 이은 주인이란다

산이 기세를 승하고 위엄을 전하니
낮잠 깬 가야산 옥양폭포는
하얀 비단자락을 펼친다

서해안 석양 따라 잠을 깨운 갯바람이 세다
펼쳐진 운봉운해와 겨울설경은
가야산의 자식이다

바다 위에 핀 불꽃

노을이 오작교 난간으로 굽이치는
왜목 포구 물결은 인자한
서해의 비단결을 휘날린다
난 그 물결을 억새꽃처럼
나부끼는 백발의 파도라 부른다
해마다 칠석날이면 견우직녀가 만난다는
포구에 낯선 불꽃축제가 피어 지친 여름 화기를 식힌다
전설 같은 견우와 직녀의 만남에
사랑과 그리움에 취해 눈물 씻으며
바람과 파도가 어우러진
몸짓을 담아 여름휴가를 보내는 사람들
한 폭 그림 같은 바다 때문에 여름은 외롭지 않다
폭염햇살 비켜서 성스런 살 달래는 날엔
밤바다에 노를 젓는 사람들의 아름다운 추억
초닷새 보름 가는 줄 모르고
격조 높게 날고뛰는 낯선 품바들의 몸짓에
흥겨움은 품삯 없는 근로자가 되었다
옛 능쟁이들 세상이던 뻘길따라 진흙을 물고
흥겹게 춤을 추는 밤, 왜목의 칠석날은
바다 위 화려한 불꽃축제로 몸살이 났다.

상생相生의 길

사람들의 인격은 별이다
누구나 가진 재능도 별이다
미워하고 증오하고 멸시하는 일
그건 모두 죄이다
모두 죽어가는 것
삶의 끝이 아니라 시작이다
오늘밤 지나면 모두 봄날이다
땅에서 싹이 트고 산에서 이름나고
지상에서 꽃이 피고 향기를 낸다
난 오늘도 별을 향해 걸어야 한다
우리가 살며 걸어가는 건
모두가 상생하는 길이다
상생을 위해서 삶은 언제나 신명이 나고
어진 자의 삶에 길이 하늘처럼 열리니
사람들이 가는 길은 모두
허사가 아니다

불타는 공감온도

여의도 방송국에서 일요일 밤 8시만 되면
의지의 시내버스를 타고 살아온 사람들의 정신과
민초들의 온도가 불타는 공감온도로 높아진다
한 주간의 부름이 분수대를 열고
송출되는 방송, 깬 사람 모두는 가슴을 열고
주머니 속의 여인처럼 아껴진다
선상에 서서 몇 분간에 달구어 내는 온기에
타오르는 프로그램 그 열기는
강연 100도를 향해 더 눈시울을 적신다
나이가 들어찬 새악시 볼을 뜨겁게
달구기도 하고 대학생들의 가슴도 뛰게 한다
삶의 색깔을 그릇에 그대로 담아
열을 올리는 불타는 공감온도
그날의 푸르른 연기들 다문화 햇살이라면 좋을
살아 온 이야기가 시작되면 축대의 주춧돌은
활주로처럼 직선 타고 굳게 펴진다
남자의 자격으로 초석을 옮겨 온
그 얘기를 들으면 참담하던 체증이 뚫린다
이야기는 숭고하고 소박하고 아름답다
사내의 자격으로 배를 타고 건너 온

박완규 가수의 오디션을 통해 노 가수로
다시 태어나면서 감흥의 줄거리는 길어졌다
강연을 통해 사는 추악하고 선한 삶의 현장에
아픔의 산맥을 잿더미처럼 흩날렸다
고통의 삶 덩어리가 크면 젊어지고
작으면 노인이 되는 건 아니지만
시인이 되고 가수가 되고 피아니스트가 되겠다고
아니 암 투병으로 살아남겠다는 그 의지
버둥대며 살아온 나날들이 대견스러워
무지개 같은 각오를 펼치리라
두 손 불끈 쥐고 화이팅 하리라
강연100도 공감온도 열성은 관현악이었다.

새들의 집에는 지붕이 없다

열린 하늘 아래 바람 타고 지저귀는 산새들
하늘이 세상이고 하늘이 전부 집이다
새들은 하늘 길에서 서로 만나 사랑을 나누며
세상을 속삭이며 사는 모습이 인생이다

때론 낙하도 하지만
나는 새들의 고집을 안다
일찍 자고 새벽에 일어나 아름다운
메아리를 들려주면 세상일은 만사란다
인간이 갖지 못하는 새들의 삶
환경스페셜에서 삶의 내부를 보여줄까

새들의 집에는 지붕이 없어도
밤길에 세상을 바로보고 잠들기 전에
달빛이 흐르는 길을 더듬어 보고
어수선한 세상도 바로 읽는다

새들은 세상을 올바로 볼 줄 안다
죽은 곤충을 두고 산 곤충을 잡아먹으며
살맛을 느끼기 때문에

갈등을 일삼는 인간들의 마음도 잘 알 것이다
인간들아, 제발 싸우지 마라
인간성을 유기하기 마라.

새들의 집에는 지붕이 없어도
쓴 불평 한 마디 안하고 잘 산다

선거열전

시장은 늘 선거전이다
빌딩 숲이 서며 빈들거리며 유세장이 바쁘고
생선전도 피비린내가 난다
오피스텔마다 선거사무실 임대가 나가고
장사가 안 된다고 줌마타령 멜로디가 높으니
서리콩이 비싸다
그러나 배추값은 더 금값이다

천사의 나팔꽃

너는 완벽할 수가 없다
너의 수줍은 모습을 이제야 알았다
무력없이 동력을 일으키는 바다이야기
그렇게 수줍을 순 없다
사람들이 귀여워해도 멈춰서 그냥 고개 숙이고
통행자에게 안부 한번 묻지 않는
아주 바보스런 너의 품성
밤이면 흰색 노랑 분홍의 자태로
짙은 향기를 내는
너는
밤의 교향곡이라도 들려주렴
길을 가다 막히면
독성을 품고 내숭떤다니
네 앞에서 사랑한다 어이 말하랴
독을 품고 사는 몸이 되어
언제나 가슴 조인다

고개를 들라

소래포구 이야기

낯선 그리움이 쌓이는 오후
먼 땅에 나가 바다 속을 들여다본다
세상은 말이 있어도 바다는 말이 없다
그저 제 몸만 여울거리며 중얼거릴 뿐이다
해물칼국수가 깔린 바다는 바다라는 이름으로
가족과 함께 마음 정할 뿐 마음은 변치 않았다
시간 흐르는 대로 간직한 가슴의 깊이들
속물을 보는 쾌감에 그 이름을
지우지 못 한 거짓 없는 무용수가 될 뿐이다
때가 되면 바다에 나가 갯내음 마시며
바다 속 비밀을 캐려고 때로는 행패 부려도
소래포구는 돈을 만들고 인간의 시중을 든다
또 바다는 아무 말 없다가도 때론 몸부림친다
몸부림치는 월곶 바다를 찾는 사람들
바다는 시작은 있어도 끝이 없다
끝없는 바다 속을 들여다보면 바다 속에는
목 풀어진 지폐 같은 어족이 살고 소금끼가 녹아나는
소문 때문에 그냥 내버려 둘 수 없다
인간은 어리석은 자가 아님을
분명 내가 사는 물 속 마을 바다는 소중한

생명들의 놀이터요 고향이다
계단은 늘 오염된 오폐수가 흐른다
그러나 사랑과 행복이 감겨오는 나의 집은
할머니의 집이며 거상의 집이다

복지겸 호령소리

백두대간의 어린 줄기로 자란 아미산*
아무래도 삼봉이 자랑이다
초봄이면 진달래꽃 태극을 열고
인간들이여 일어나라 호령한다

발밑에 영근 몽산이 기지개를 펴면
다불산도, 덩달아 이배산도 기지개 켠다
아미산은 영산靈山이라 이름이 붙고
진달래꽃 고향이라 두견주杜鵑酒를 빚는다

카랑한 영랑아가씨 목소리 들려올 듯
복지겸의 호령소리 면천성에 쌓이는데
아직도 옛 석성은 진실을 말하지 않는다

세월에 닫힌 동문을 열고 남문을 열고
두견주 술 익는 마을마다 꽃피는 농가월령가
에헤라 더덩실 행복한 아침이 밝아온다
선창 없는 산마을에 펼치는 취타대 향연
오늘도 복지겸장군의 말굽소리
몽산을 오른다

* 충남 당진시 면천면 죽동리에 위치한 산. 해발 349m다

영업신고증

지난 과거사를 돌아보듯
걸어온 계절만큼 되돌려 본다면
얼마나 화려한 고개를 넘어왔을까

십대엔 교문을 드나들고
이십대엔 사회 속에 뛰어들어 물을 나르고
삼십에서 오십대는 녹을 먹으며 근근히 살았다

억울할 때는 숲속을 드나들고
분할 때는 해변을 거닐며 목청을 높였고
태(胎)를 묻는 마음으로
돌릴 수 있다면 꽃이 되었으리라

외줄 타는 마음으로 남사당 패 찾아
나는 영업신고 필증을 받았다
난생 처음 받은 영업신고필증 사업자등록증
311*******
이제 삶에 경제시속을 얼마나 높일지
그래도 청정하게 살거다
시장 속에 날 저물어도 세종대왕이랑 경쟁하고 싶다

2부

위대한 외출

갈대밭에 영화를 심다

들풀들이 빈정대며 꿈틀거리는
미로의 갈대밭에 쪽빛 하늘은 창을 열고
갈색바람 따라 바다 위를 걷는다
자연이 가꾼 미로 속에는 추억을 담아
남긴 둥지에 영화 '추노'가 태어나 이름을 냈다
비단강줄기와 함께 신성리 갈대밭에
나란히 누워 대북소리에 꿈을 깬다
청둥오리 쇠기러기 가창오리 고니
이름 모를 새들, 수 만 마리 희귀철새가
군무群舞로 비단하늘에 차광막을 친 채
바람은 파도를 먹으며 시름없이 부서지니
물안개 속을 달려 온 고향은 전부가 갈대였다
순진무구했던 갈대밭에 영화를 심는 사람들
분수처럼 솟아오른 사랑과 욕망의 물줄기 따라
철지난 갈대밭에는 철탑처럼 강한 전류가 흘렀다
사랑 한 점에 지치고 무명했던 갈대밭에
새로운 이름표가 나붙어
겨울 한마당 갈대밭엔 영화 꽃이 활짝 피었다
갯뻘 사이로 내려 받은 거룩한 역사들
세상 구석구석까지 왕조실록처럼
사랑의 창을 높이 쌓았다.

가요무대 반세기

88올림픽이 개최되기 전
1985년에 첫 방송된 가요무대
대중가요를 위해 명가수들의 애창곡 향연인
가요무대가 가요 반세기 생일에
특설무대를 올렸다

전설처럼 흘러온 세월의 가요
민족애의 눈물도 많았고 설움도 많았다
가수의 애환이 서려 있어
나라를 건지고 위로하고
부산에 금순이는 너무도 굳세었다

가요무대 김동건 진행자의 애잔한 진행은
국민들의 뜨거운 환호였고
아픈 마음을 달래었다
가요무대는 고향무대 같다는
애교가수 주현미의 한 마디는
전설처럼 들려오고 전통가요로 맥을 이었다

최다 출연자로 낙점된 아름다운 지적은
596번 출현으로 큰 손뼉을 안겼다
가요는 민초들에게 행복감을 안겨주는
빛나는 무대의 박수갈채
민초들이 가장 좋아했던 노래는
심수봉 가수의 『그 때 그 사람』이란다

세월은 가도 노래는 영원히 남는 것
월요일이면 만나는 고향 같은 무대
태평양 인도양 대서양 건너까지…
오늘은 가요무대 반세기라며 명가수들 총출연이다
우리 가요를 빛낸 사람들
G20이 열리는 즈음에 국운융성의 바로미터였다

갑오징어

생선 비린내가 횃불 켜진 어항에 가면
갑오징어 생각이 하늘이다
바다가 그리운 공상에 흠뻑 젖다가 갑오징어가
바다에 사는지 갯뻘에 사는지
의문이 간다
갑오징어는 을오징어가 아닌
갑오징어 일등오징어란다
이름 없이 숭고하게 사는 바다 속의 황제다
두 홉 소주가 애타게 그리운 날
소중한 유물을 찾아 거머리말의 알을 팔고
환생하기 위해 기초화장하는 삶의 무대는
마음의 거리가 가깝다
사람들에게 소주 안주가 되는 한 해살이 삶에
넓은 바다가 집인 증식유물들은
거머리말이 왕국이라며
갑오징어가 왕국이라며 또 집을 짓는다
한 때는 강물에 속고 바다에 속아
청량한 물을 그리워하다가
어리석고 맛있는 말미잘, 작살에 죽는다

거리에 뿌려지는 돈

우리가 사는데 힘이 없다고
권력이 없다고 기죽어 살 일은 없다
살아가는 길이 멀고 멀어도
먹고 사는 길 다 같은 삶
운 좋고 행복해지고는 자기 탓이다

사는데 미래가 있어서는
사람이 미래고 미래가 사람이듯
커가면서 배우고 새 삶을 개척하느니
거리에 버려지는 삶의 껍질이
얇거나 두껍거나 논하지 말고
아무리 험한 노두목이 있어도 극복해야 한다

도심의 줄기를 살펴보라
오토바이 타고 뿌려지는 거리의 황사
돈과의 전쟁으로 사채 대출이 늘고
버려지는 것에 논하지 말고
알뜰하게 긁어모아서 삶의 독을 채운다면
사람이 미래고 미래가 사람일 거다

겨울 가로등

무언가 잃어버린 것 같다
히전함이 퇴근길 불감증
생활 깊은 속살까지 차오르니
올 겨울은 문을 꼬옥 쳐 닫고 T.V
리모콘만 누르고 끌 일이다
오늘 아침 아스팔트 빙판길에서
연쇄 추돌사고가 났다는 속보를 접하며
밤새워 밝혀준 겨울가로등이 무색하다
누대를 지나며 나는 무얼했는지
책임소재가 끝내 불분명할 때 가슴까지
답답하게 끓어오를 일이다
고속화 도로에 산화한 육신들
김장배추 추락사고는 실시간 집계다
하락하던 배추 값의 자연사 뉴스로
하늘까지 치솟은 김장시장을 내다보면
당신의 밭농사가 걱정이었지
아무리 저 너른 들밭에 가로등이 꺼져도
농촌을 지켜온 텃밭만은 겨울 가로등을
오래오래 켜두고 볼 일이다.

구름 한 점에 아쉬운 바람

사려思慮 깊은 그대 눈 속을 바라볼 때마다
지나온 삶을 터득한다
자라며 배우고
배우며 자라는 삶의 길에
난 산사 뜰 앞에 돌탑을 쌓는다

산사에는 어딜가나 돌계단이 흐르고
일주문이 서 있고 불심을 쌓는다
밤이면 꾀꼬리 잠든 고요 속에
산사에 불이 켜지면 대웅전은 침묵이다

산사는 철학이 담긴 전당이다
좁은 오솔길 따라 오르는 주승主僧의 향기
오늘도 부처 앞에서 백팔 배를 올리며
참회의 무릎이 안스럽다

천년의 유심이 담긴 돌계단 오를 때마다
지저귀는 산새들의 아우성
삶의 연속이 아닐런지
고요한 숲속을 거닐 때마다 흐르는
구름 한 점에 바람이 부럽다

나무의 눈

사방에서 시선을 끌기 위해 겨냥한 나뭇가지가 살갑다 살가운 나무의 지느러미로 고향에서 부는 바람을 만날 수 있어 기쁘다 바람은 나무와 인연이 많아 바람은 꽃과 인연이 많아 열매마다 얼굴을 붉힌다 때로는 가지 끝에 붉게 때로는 노랗게 생리도 한다

만나는 바람마다 나뭇가지는 왈츠를 추고 학춤을 추며 허공에 요령을 흔든다 나무는 외로워도 쓸쓸해도 눈이 크다 점점 우주의 마음을 알아차려 연초록 눈을 뜨고 이 세상이 어지럽거나 말거나 고개 숙인 채 책임을 다한 듯 종을 내린다 나무는 눈이 밝다 고독한 어둠에서도 시력이 좋다.

내 마음의 구절초

내 마음의 신작로에 숨어 자란 구절초
가을빛 타고 성큼 다가와 반긴다
매미 울음 사라진 산마을
늙은 느티나무에 가을이 졸고
바람은 나비되어 나폴거린다
나그네마다 해묵은
하얀 구절초 꽃에 마음을 퍼서 또 넣고
좋아라, 마음을 뿌리고 쓰다듬는 꽃
그대 가는 가을길 위에 핀 구절초 꽃
봉평장에도 가득 피었다는 메밀꽃
외롭던 내 마음의 신작로에 숨어 자란
구절초꽃, 가을햇살에 향기도
고추잠자리보다 높이 날더라
추억처럼 나부끼니 향기롭더라.

늙은 벚꽃 두 그루

면사무소 앞 늙은 벚꽃나무 두 그루
낮과 밤의 버팀목이다
봄 햇살 열고 거리를 환하게 꽃 피우는 요염에
그대는 장엄한 위령탑이다
가끔은 느린 호흡이다가
가끔은 빠르게 심호흡하다가
잔뿌리 때문에 허기진 걸까
벚꽃나무는 토지 위 노숙자다
아미노산주사라도 한 방 놔줄까
올해는 대수술을 받아야겠다
매년 크리스마스 땐
오색 단청한 색등을 반짝반짝 밝히며
매운바람을 맞을까.

두루미가 날고 있다

둥근 대형 은쟁반 속을 들여다본다
청량한 그리움 속으로 날아가는
두루미 한 마리 유유히 날고 있다
천연기념물 202호가 시베리아에서 중국 일본
우리나라 한국으로 날아오고 있다
새 중에서 두 번째로 크다는 두루미
자연의 황제라고 해도 괜찮다
그를 키우지 못하면 가난하다
그 놈 때문에 부도나 자살도 한다
은쟁반 위로 나는 철새, 오늘도
바지호주머니 속에서 달그락 소리 내지만
두 손 끝으로 만지작거리며
부자 꿈을 꾼다, 삶의 꿈을 꾼다
청아하고 순한 천년장수 한다는 철새
새 봄이면 만나고 단풍드는
늦가을이면 이별하는 황제,
당진시의 상징적 새이다
늘 은쟁반 속에서 쉬지 않고 날고 있다.

물드는 가을소리

지난밤 된서리에 젖은 가을 산에
단풍나무 잎새마다 오색등이 켜지사
꽃상여 나간다
이산 저산 산마루마다
화조병풍花鳥屛風 둘러놓으니
조화로운 오방색 등
깜박깜박 세상을 밝힌다

가을에 내리는 소리가 아름답다
새 단장한 단풍의 계절
온 들녘에 비었던 사색도 채워주고
재미있는 동화도 읽는다

이슬 먹고 자란 풀잎들이
가는 데마다 가을 내리는 소리에 취해있고
드넓은 간사지엔 고개숙인 황금들녘
알곡식으로 가득 채워져
물든 가을사랑도 강물 되어 흐른다

봄눈 내리는 밤은 두렵다

한 겨울 지난 뒤 눈 내리는
밤은 두렵다
두려운 이유를 캐물어도 대답 없고
편한 이유를 물어도 말이 없다

봄을 맞으며 무슨 연유로
늦은 밤 폭설이 내리는지 두렵다
소나기보다 좋은 사연 받아 여는 가슴이면
세상이 너무도 아름다운 걸
그러나 폭설내리는 밤은 두렵다

어떤 마음으로 이변이 돌아올까
두려운 마음이다
집에 키운 강아지가 밤을 깨운다
하얗게 기압골이 변한 마음을 쓸어도
눈 내리는 밤의 기압골은
변치 않는 마음 그대로였음 좋겠다.

봄빛은 강물처럼 흐르고

그대 젊음에
파아란 그리움을 띄우면
파아란 강물이 될까

청량한 산하의
별 밭으로 끝없이 흐르는
나의 강물이여
젊음을 부르는 함성처럼 돌아온
봄의 남새밭에
우수의 비가 나리면 내 가슴엔 언제나
사랑의 강물 넘쳐흐르는 봄빛이다

봄빛은 새벽안개 속을 거니는 어머니
당신의 걸음걸음에
아아! 봄은 그렇게 다가서는 걸까
지나온 간이역 따라
떨어지는 착신음 타고 강변에 이르면
정동심의 봄은 뭉게구름처럼
또 그렇게 살 속으로 끼어드는가.

부부사랑

살아가면서 부부금슬이 좋은 것은
나무에 꽃이
아름답게 피어 향내 나는 사이다

남편과 아내가 서로 손을 맞잡고
걸어가는 길
가정에 핀 성공의 길이라 할까
희망이 핀 꽃길이라 할까

아침에 이름 모를 새소리를 들으며
둘이 아름답게 깨어나는 즐거움
부부사랑이 시작되어
꽃으로 피어나는 거다

아침이슬 함초롬히 머금은
보랏빛 나팔꽃을 보아라
얼마나 싱그러운 얼굴로 미소 짓는가
하 그립다 말을 할 때는
부부사랑이 더 뜨거워 아름답다

사랑엔 겨울이 없다

어둠이 잠드는 밤하늘을 보며
홀로 서서 빛으로 소리치는 가로등을 켠다
가로등 아래 오고가는 사람들
늦은 귀가에 이유가 있겠지만 요즘 거리는
뒤숭숭해 가로등의 고마움을 잊을 수 없다
긴 여운의 기적을 깨우는 밤
겨울은 성큼 달려와 나에게 함박눈을 내려준다
그대가 가는 곳은 하얀 부름의 돗자리
외치는 거리마다 눈이 쌓인다
당신이란 이름에 고백이란 문자가 거리를 누빈다
사랑엔 겨울이 없다
사랑이 꽁꽁 얼어간다면 이 세상은 아름다우랴
슬픔의 독안에서 울부짖는 식솔들의 목소리
크고 큰 메아리가 이 땅에 피를 흘린다
나에겐 간절한 소망과 이름들, 행복한 이름들
임기 말기에 쏟아지는 야유와 투정들
그래도 잘 했다 칭찬해주는 너그러움
그 사랑이 미움을 너그러움으로 용서하리
죄 많아 거리를 활주하는 것도 아닌
소중한 사랑들 겨울에도 큰다.

사랑은

그대여 사랑을 위해
말을 하고
포옹을 하고
애정을 나눈다면
그대 사랑은 내일의 넓은 바다에
행복 꽃이 필 거야

사랑은
침묵이 있기에 끈끈하고
진실이 있는 거다
또한
강요가 아닌 기쁨과 너그러움에
사랑꽃이 피는 거다

사랑은
늘 그대와 함께 내 곁에서
싹이 트고 열매를 맺어서 하나 된
육신과 마음이 쌓여 가는
안식의 이름이다.

상처 취한 남색 깃발

철도 아닌, 무쇠도 아닌
너의 품질을 옆에 두고 살았으니
손쉽게 매달리며 삶의 무게를 달고 놀았으리
부엌살림이 점차 늘어감에 고충이 늘고
싫증이 나 고개 숙였다

라면땅이 첫 선을 보이면서
몸을 볶아 시장기를 달래던 시절
어머니는 무거운 길을 걸었다
보글보글 쉽게 몸을 달구어 냉대함을 씻고
쭈그러진 주전자를 막걸리 잔 삼아
퍼마시면 라면김치는 한 몸이다

그 후 성격도 죽었다
그 후 화장기도 지워졌다
비바람에 목이 쉬고 독백 끝에 일어나는
강한 바람들 그 맛은 한국김치처럼
이야기가 시크름했다.

퇴근길

일터에서 퇴근해 돌아와
문을 여니
어머니가 반기신다

애비야! 잘 다녀왔니? 묻던
목소리가 잠드셨다
아무도 없다

덩그러니 벽에 걸려 있는
미소 진 영정사진 한 점이
날 반긴다

어머니가 안 계신 텅 빈 거실
사랑도 행복도
반절이다.

소나기

녹음 속으로 불볕 내리는 오월
삶의 마을에 소나기 내린다

땅이 얼마나 그리웠으면 너를 기다리다
기다리다 마냥 돌부처가 되었을까
호수바닥 넘치는 사랑의 물을
논바닥 넘치는 사랑의 물을
플라타너스 밑 실개울 채우며 흐르던
목마른 너의 이름들

수직으로 함석지붕을 때리고
수직으로 옥상 위 걸린 태극기를
난타하며 온 몸을 푸니
물이 그리워 애타던 청개구리도
소나기에 취했다

비장한 회초리 들고 바람을 때려도
시원치 않은 애잔한 소설 속의 주인공들
너는 너는 소나기…
온 몸은 세로 서서 아픔을 달랜다

뭉게구름을 달고 떠가던 그리운 소나기
너른 광장은 흥건한 호수가 되었다
마냥 소리치던 제방에는 무지개가 섰다
한 여름 뙤약볕을 적시며 촌부를 달래던 소나기
시간에 눌려 늙은 갑판 위에 잠이 들었다.

위대한 외출

하늘과 바다가 푸르러서가
하늘이 아니고 바다가 아니다
바른 그릇대로의 삶을 살아가기 때문이다
나무를 심어 숲을 이룬다는 것은
시간과 계절이 조화되고
물과 맑은 공기가 조화로워
가치 있는 숲을 이루어 가는 것이다
사람들은 누구나 위대한 외출을 위하여
살아가려고 갈등의 밭을 가는 것이다
그러나 위대한 외출은
아무에게나 주어지리라 생각하진 않는다
비바람 홍수 그리고 태풍에 시달려도 이겨내고
냉랭한 겨울을 나고 함박눈을 녹이며 산다
저기 유유히 흐르는 금강을 보라
강물은 바다를 차지하려는 그 아름다움을
이르기 위해 말없이 흐른다
난 관가를 떠나 위대한 외출을 위하여
침묵에서 깨어나 문을 열고 있다
나는 모든 새벽을 사랑하여 문을 두드린다
그래도 매섭던 겨울을 사랑했다

이 세상 모두가 위대한 외출을 위하여
태어나기 때문이다
이제 무거운 짐을 내려놓았다
유유히 강물 흐르는 아침의 대교를 걸으리라

흔들리는 반항

축시丑時가 시작되자 남쪽에서 반란이 일어났다
밤새 촛불시위에 들끓던 아우성들이
한꺼번에 쏟아져 내린다
상하로 열린 구멍을 비집고
쏟아져 내리는 키 큰 소나기
오랜만에 흠뻑 맞았다
밤새 들끓던 복부의 반란은
한 바탕 투정부리다가 조용해졌다
손 마디마디 부여잡고 수지침을 놓는
나의 작은 소견들 모두 총집합시켰다
시원치가 않았다
잠시 후 보슬비가 내렸다
진파가 조용해진 걸까 기다렸다
어제 먹은 바닷고기에 흠이 생겼던지
길을 잃어 쓰나미津波 타고 헤매다 깬 삶이다
날이 밝자 나는 당신의 쌀죽이 그리웠다
이층집 병원베드에 누워 차단된
살을 비집고 들어오는 주사도 사양하지 않았다
사랑으로 채워 준 욕망의 물도

밤새 오랜 별빛에서 반짝이던 반항도
민들레 홀씨 되어 나부끼고 있었다.

3부

고독은 새가 달랜다

고독은 새가 달랜다

낯설지 않은 산중에서
뻐꾹새 울음을 아침마다 먹고 살았다
아침이면 그 울음이 얼마나 청랑했던지
한 그루의 애상을 산하에 심고
산을 떠나 살 수 없는 산지기로 숲을 지키며
그저 산만 안고 살았다
산울림 사이사이 꽂히는 꽃비에 물안개는
먼 산을 포옹하고 오랜 침묵을 깬 사이
산 벚꽃은 꽃망울을 터트렸다
적막을 애태우던 고요가 먼 산을 차오른다
고적한 산사의 풍경소리가 열리면
나의 새들은 나의 뻐꾹새가 되어
고독을 달랜다며 마중을 나갔다
오늘은 어떤 공간에서 머물다 어떤 시름으로
어떠한 음악을 타고 떠나려는지
아무도 모르는 숲들의 이야기다
별들은 풀벌레 소리와 살아 온 삶일까
고독한 새들의 합창일까

간이역 풍경

연두 빛 철조망 사이로 해바라기 꽃들이
자유롭게 핀 간이역은 인정 많은
시인의 고향이다
덜컹거리는 철도레일을 밟으며
간이역을 달려온 새벽 화물열차들
메마른 소음에 내 음성은 바리톤이다

간이역은 긴 어둠의 역사 속을 달려
허리 굽은 레일과 소박한 풍경을 수놓으며
시골 사람들과 함께 살았다

간기가 흠뻑 밴 오천항을 받아주고
밀어내며 살아 온 인심 좋은 청소역
심신이 고단한 육신을 지닌 채
홍익회가 파는 가락국수 한 그릇이라도 맛보련만
좁은 치마를 입은 간이역은
말을 잇기 전에 떠나야 한다

매서운 겨울바람과 함께 달려야 할 장항선 열차
밤하늘의 여신을 맞듯 한 아름의 함박눈은

지독한 벌떼처럼 달려들며 겨울가로등
사이사이에서 비명을 지른다
무궁화열차는 청소역을 순간 이별해야 했다

고로쇠물

호남의 정맥이라 불러진
광양 백운산 기슭에서 분신을 태워
1,218미터 명산 기슭에서 받은 고로쇠물
친구들이 모여 배달 온 눈물을 마신다
제법 명품으로 생산되어 전국을 순회하니
아름다운 투어와 생명수로 꽃을 피운다
깊은 숲에서 한해를 지켜 와
경칩날 꽃샘추위를 잃은 채 백운산 줄기에서
채취해낸 고로쇠 물은 백운산의 혈액이다
초라한 몸매에서 삶의 고통을 벗어들고
채혈해낸 수목樹木의 피
어쩌자고 친구는 벌컥벌컥 배불리 마시고
삽뇨증澁尿症*에 걸리시는가
노인들의 덕담이 쌓이고 전설로 내려온
백운산 투어
온 몸에서 진한 고통을 벗어나 배달된
백운산 고로쇠, 삶이 다르다

* 오줌소태증을 말함

구름나그네

나는 보았다 눈으로
나는 들었다 두 귀로
나는 새겼다 앙가슴에

다 같이 사는 세상에
그대의 톤 높은 음성은 봄이 가고 여름 오고
가을이 와도 꿈틀거리지 않는 별들의 마음

다시 올 겨울 속에
마음 깊은 수행의 길 위에
도량의 다리를 놓으리

산이여 구름이여
김삿갓의 노래길 따라 우는 꾀꼬리 울음
재너머 전해오는 산새들의 향수
너와 나는 인연이고 싶다

산색으로 뜨겁게 달아오른
연둣빛 사랑에 이름표를 달고
왕도의 길을 떠난다

봄보다 먼저 꽃에게

꽃피는 봄이 오면
난 봄보다 먼저
꽃에게 꽃에게 정을 주겠다

수만 가지 자태에 빠져 든
아름다운 꽃
난 봄보다
먼저 꽃에게 편지를 쓰겠다

봄 뜰을 채우는 꽃과 나무들
저마다 기를 써 뽐내지만
난 풀잎보다
먼저 꽃에게 행복을 전해 주겠다

소녀의 왕눈처럼 올망 똘망한 꽃들
나는 봄보다
먼저 꽃에 다가가 정을 주겠다
사랑을 주겠다.

꿈

내 꿈은
무한한 동그라미

있는 자와 없는 자의
보이지 않는 조그만 갈등 사이에
원을 그리며 서로 톱니바퀴가
맞물려 돌아가는 그런 꿈을 주겠다

내 꿈은
무한한 동그라미
사랑 주며 사랑받으며
파랑새 날개이고 싶은 그런 소망이다

우리 모두
사랑으로 의롭게 사는 거
그것은 장미처럼 아름다운 꽃이며
그것은 나의 희망이며 꿈이지
무한한 동그라미 그리며 새벽을 불러서
햇살같이 따스한 꿈을 꾸겠다.

남이섬 南怡島

물길 쪽을 향하여 앙가슴을 열고
한 여인이 버티고 서 있었다
허벅지까지 차오른 물기에 인어아가씨가
된 줄 모르고 마냥 서서 무호흡 마네킹이 되었다
물론 여인은 나신이었다 긴 머리를 감아 내렸다
불문율이라도 쓰였나 인어상은 아니었다
호객꾼도 아니고 그저 남이섬만 섬기는 여인이다
하늘에서 내리치는 망치소리에 귀 기울여
길 잃은 숫사슴처럼 섬에 목숨을 건다
숲길마다 먹거리 장터는 자리가 없고
물 깊은 단풍은 안면 붉히며 바람에 누웠다
숲과 숲 사이 새나오는 라이브 음악에
관람석은 낙엽처럼 허기진 허수아비다
락 스타일과 통기타 소리가 숲속을 채운다
야외무대는 비명에 찬 난장판이다
은행나무 길은 명동성당이다
겨울연가 열기가 식을 만한데 아직도 쇠줄이다
한류열풍의 화끈한 열기, 까마득한 늪이었던가
그 자랑스러운 넋이 시조 한 수로
남이장군이 깨나시랴 男兒二十未平國에

세상극치를 아신 님, 설전舌戰이
가득한 하루, 하늘을 치솟는 나무들이
바로 여기 가을을 버릴 것인가 쇳물 녹이자
하늘이 없다 만국기만 펄럭인다

단풍 목소리

가을은 단풍을 가슴에 안고 소리 지른다 늘 소리 지른다 빨주 노 초 파 남 보 무지개다 가을에 물드는 단풍을 보면 자연은 마술사다 아니 요술쟁이다 마른 몸으로 형형색색 도심거리나 오솔길을 누빈다 때로는 마른 빗자루에 시달리기도 하고 아침 출근길에 차바퀴에 짓밟히기도 한다. 단풍은 가련하다 매우 가련스럽다 공원길에서 산에서 마을 숲에서 널 만나면, 수줍어 희망 꽃이 핀다. 지고 나면 더 큰 가지가 웃자라 한 생명을 기다리는 마음 한 여름 싱그럽게 초록빛 마음을 펴고 산하가 모두 신록에 취했으니 사랑하는 마음은 너를 알고 너의 위로를 받고 알았노라

늘 종로 네거리 가로수,
도시의 잎새에 취해서 사노라
노랗게 물드는 은행나무 너를 부르며 산다.

대숲을 울리는 바람소리

대숲에 스쳐오는 바람소리에
나는 또 하루가 큰다
앞뜰 뒤뜰에는 인류의 기운을 세우기 위해
지번마다 깃발을 달고 맑게 흐르는
산 숲의 말간 오수찌꺼기까지
그래도 우리네가 살려면 그걸 마셔야 사느니
영파산 숲에서 자라는 참나무와 소나무
비발디의 오후 노랫가락을 들으며
아니 불경소리를 마시며 산다
공방에서 홀로 수심을 풀며 안부를 묻는 일
식솔의 목소리를 듣는 일
모두가 넉넉한 충만을 채우기 위함일까
울리고 깨우고 채우고 싶어 하는
충만한 가슴들, 늘 속을 비우며 사는 거
무소유로 사는 일에 사랑을 건다
대숲을 울리는 바람소리에 귀를 연다

먼 바다

쓸쓸하면
열린 바다를 보아라
파고波高는 개불처럼 꿈틀거리고
호랑이처럼 날뛰고
사자처럼 으르렁거리지 않는가

먼 바다가 비록 고독에 젖어도
아름답게 출렁이는 것은
파도 보다 깊은 바다라는 것에
얼굴을 든다

머언 바다를 보아라
바다는 늘 쓸쓸해도 살아가는 모습을
지우고 또 지우며 살아간다
애초에 태어난 얼굴을
지우고 또 지우며 살아간다

바다를 보면 외로움이 지워진다는 것은
너에게 편지를 써주니까
너에게 답장을 써주니까
지워지는 아름다움이 눈을 뜬다

만원의 행복

우리는 한 주에 한 번씩 눈마중한다
꿈이 있어 만나는 것은 아니요
그저 희망이 있어 만나는 광장이다
내가 물 위에 뜬 배를 탄 지
삼십년하고 일 년 전에 입사한 셈이다
배를 태운 물은 달거나 쓰거나
맵거나 신 것도 아니요 그저 구수한 맛뿐이다
그 맛은 진실하고 공평하고
선의와 우정을 더하는
모두에게 유익한 맛을 내는 마음 하나
그 맛에 취해 우리는 승선하는 거다
오늘은 새내기가 승선乘船하는 날
그를 위해 축하의 메시지라를 뿌려준다면
얼마나 좋으랴
그래도 우뚝 서 앞장서는 키 큰 선장 있어
꿈은 없어도 희망은 하늘이다
똑같이 나누는 만원*의 행복
오래오래 그 꽃이 피었으면 좋겠다

* 현금 일만원을 상징함

산수유 한 그루

용두리 664번지
울녘에 기죽어 자란 산수유 한 그루
아무도 돌보는 이 없고 포옹하는 이 없어도
까딱없이 눈비바람도 잘 이겨낸다

그저 제철이면 먼저 노오랑 분신으로
깨어날 뿐 수줍음만 탄다
그 옆댕이에는 지서가 있어 보초도 섰지만
이제는 치안센터로 바뀐 뒤 태극기만 펄럭인다
산수유 가지도 함께 제 몸을 추스른다

주말에도 일요일에도
아무도 돌봐주는 이 없어 무력해도
산수유 한 그루는 명절 때 돌아올
출향민을 기다린다

때로는 마을운동장에서 노인들이
게이트볼에 취해 느끼는 걸 보면 웰빙이
중요한 걸 안 뒤 아가들의 노여움에 젖으면

수줍은 날개를 펴 기죽지 않으려고
사나운 소낙비 맞는데도 이력이 난다

봄이면 잠시라도 허상을 허락지 않아도
산수유가 피고 지는 용두리664번지는
올 가을이면 알맹이가 익어 쓸 만할 때
그 놈은 나를 반길 게다.

물길을 채우다

큰 강을 여유롭게 떠노는
물병아리의 지혜로운 발길을 수직으로 선
대호만大湖灣에서 보았다

한철 한때
삶의 내장을 드러내기 위해
소박한 철새는 먼 길의 구름문을 열고
여행을 다녀왔나 보다

언제 어느 곳에서나
오르내림을 볼 수 있는 흔적이지만
더욱 뚜렷한 것은
태양이 떠오르는 해맞이 기운을
독차지하기 위함이다

여유롭게 흐르는 강변에서
한 포기씩 떠노는 겨울새 청둥오리
기러기들은 인정 많은 대호만에서
물길을 채우고 있었다

붉은 노을에 가을이 탄다

만선한 배추포기가 망부석처럼
산록 비탈에 기대어 있다
열탕을 비켜나온 가을단풍이
불 꺼진 물레방아 마을까지 내려왔다
고향은 늘 해당화 피는 바다였다
열린 바다를 막아 탑을 쌓는 나라산업
막고 또 막아 갯뻘들이 대수술 당하고
허리가 퍼진 대하大蝦가 늘고
가슴이 텅 빈 꽃게가 뻘을 막았다
늦은 오후가 지나면 모항은
늘 붉은 노을로 이부자리를 폈다
재래시장을 떠나 온 막차가 포동하게 살찐
제물을 사들고 종점 승강장에 기대니
마중 나온 큰 며느리는
이미 가을바람에 겨드랑이가 젖어 있다
반가운 마중물따라 가을 늪에 빠진다는 것은
적막을 일깨는 소용돌이였을까
비린내 나는 갯뻘에서 바지락을 벗삼아
뻘밭을 갈며 사는 나를 심는다.

숲으로 난 길

온순한 숲의 가슴 속으로
늘 강물이 흘렀다
물 없는 숲에서 강물이 흐른다는 것은
숲을 향한 반항이었을까

산에는 숲이 자란다
자라는 산 속에는 새가 놀고
파도 없는 바다가 흐른다
아끼고 포옹할수록 뜨거워지는 저항 끝에
무딘 사랑이 크고 있다.

아카시아와 어머니

산꿈을 꾸며
산에서 숲에서 쏟아지는
하얀 눈꽃이 쏟아지는 계절이 오면
돌아가신 어머니 생각에 젖는다

꽃길 따라 벌통이 이사를 오고 가며
약속이나 한 듯
벌꿀의 삶은 바쁜 고속철도다

별들의 노래가 숲을 울리고
꿀벌이 아카시아 꽃을 찾을 때 동네 아이들은
산에서 숲에서 주문을 외며
안부라도 기다린 듯
정지된 시계 속에 어머니를 찾는다

솔바람 타고 어머니 목소리가 들려온다
목발 짚고 부르신다
귀를 막아도 들리는
인자한 어머니 목소리
오월하늘에 맡겨 둔 잔정이었나 보다

이화원을 돌아보며

잣나무 숲이 우거진 오월
경기도 가평에 둥치 튼 이화원을 찾았다
화합과 상생의 정원이라는 곳
녹색산업 현장의 꽃이 피어 반겼다
정원 앞에 눕혀진 자라섬鼉島엔
인류가 원하는 최상의 가치관을 표현한
화和를 화두로 테마공원을 만들어
이화원二和園*이라 이름 지었다
봄이면 복사꽃 담장에선 된장냄새 우러나고
브라질 커피가든에선 커피향이 우러났다
오솔길 돌고 돌아서니 유자나무 숲이
고흥을 뽐내어 유자과수원을 만들고
한국 차의 첫 재배지를 옮겨서
다도茶道의 맥을 이어왔다는 곳
하동다원河東茶園은 죽림차밭과 어깨동무다
다정茶亭에선 선비들의 맥박이 뛰고
갓끈과 두루마기 자락이 뜰에 나풀거렸다

* 경기도와 가평군이 상생으로 만든 자라섬 생태정원

천년 대장경

대장경 조판을 떠 천년을 이고
천년 세계문화축전의 대문이 열린다
한국의 빛깔 고국의 빛깔
아주 아주 곱다더라
가야산 해인사에 살아오던 대장경
곤한 겨울을 이기며 살아온
천년의 지혜만 남아 닫혔던 문을 열고
대장경 향초를 피운다니
해인사 일주문에 사천왕이 놀란다
멱도원 축화전 무릉교 칠성체필암
대장경아리랑
삶의 흔적은 이끼 낀 흔적이다
위대한 세계 유적이다.

불면의 밤

마신 물을 토해내는 것은
마음을 토해내는 것이다
새벽 세시를 알리는 알람시계의 초침소리
체면 없이 열을 올린다
아침을 열고 눈을 뜬다는 것은
나팔꽃을 만나는 일일까
토닥이고 되씹는 일들 어디까지랴
때로는 어둠이 얼굴을 가리며
독소를 뿌리는 새벽 지독한 음율이다

혹독한 사연들이 치솟는 밤이다
남은 내가 되고 나는 남이 된다
밤사이 치솟는 물가 오름에 발가벗고 서서
상승하는 물가에 매달린다
기구한 인연들이다
구겨진 유가증권의 얄팍한 양심을 보며
흔들리는 것은 갈대만이 아닌
추억을 줍는 불면의 밤
고향땅 응봉산에 오르고 싶다

하늘 속 낙하산

난 그대를 알기 전에
아무데나 주소를 놓으며
자유로 떠 내리는 낙하산이었네

난 그대를 알기 전에
아무 곳이나 전화를 바꿔주는
자유로운 교환수였네

북풍은 고독한 바람
세월의 광야에 떠도는 독수리는
기습의 날개를 달고 자유로이
날짐승을 쫓아내는 점새였네

점새는 오줌똥을 못 가려
아무데나 신세지는 세월의 무법자로
과태료를 부과 받는 치매환자였네

난, 그대를 알기 전에
정착해서 사는 세상의 바람꽃이었네.

그대 향한 여행길

당신은 시인이었다
사랑은 넓은 바다
그대 향한 나의 사랑은 하늘이었다
사랑이 깊어지면 빠질까
수온이 높아갈수록 추억이 쌓이는 등대
외로움은 지워지지 않았다
사랑이 너의 그늘에 머물 수 있다면
너의 행복은 바다였을 테지
사랑이 깊어진다 수심으로 빠져든다
세월이 자라면 자랄수록
빈 술잔에 차오르는 빗물 빗물들
삶은 선녀같이 깊은 사랑에 빠지지,
사랑은 열꽃이 피는 순수한 손가락에
긴 여름날 접시꽃처럼 자라서
머언 배낭여행을 떠나지.

4부

낙원동
벚꽃

강물이여 어디로

가장 낮은 곳을 향하여 흐르는 강물
오순도순 산동네를 안고 산다
논길처럼 휘어져 허리 동강이 나도
흐르는 것은 변함없는 강물이다
미움도 외로움도 서러움도 버리고
그저 산을 안고 사는 건 강물뿐이다
때로는 수십억 리* 하늘 길 따라
계곡 따라 여행 나온 청둥오리 떼
날아와 강변을 총총 채우니
동물농장처럼 부자스럽다
강물이여, 보듬어 달라 손을 잡는다
철없이 흐르는 강물이여
그대는 지금 어디로 흐르는가
노랑 달맞이꽃 피는 고향 산천 두고
어디까지 흐르는가
강물사랑 바다사랑에 빠진다 해도
대대로 뿌리박고 살아온 삶터가 그리워
회향하는 연어처럼 살리라, 나는.

거미줄

하늘이 넓은 줄은 아는지
마냥 방황하면서도
허공을 한 번도 헛짚지 않고
한 세상을 열정으로 살아가는 거미
이 세상에 탁월한 건축가라 했다

무념무상의 몸짓으로
씨줄과 날줄을 엮고 엮어 끈끈한
마음으로 지상의 투명한 집을 짓는 거미
실젖에서 나오는 삶의 편지를 쓰고
고통을 이겨내는 우울

사나운 소나기에 젖는 줄도 모르고
한 생애 씨줄과 날줄은
나의 인생이었을까
단애斷崖한 육신의 핏줄을 깎고 매달려
집을 짓고 걸리는 대로 동동 말아
식음을 달래는 삶, 꼼짝 달싹 못하는
날벌레 사냥에 한 마리도 놓칠 리 없지

고독을 출렁이며 보내는 풀잎바람에
외로운 꽃길을 걸어가는 거미의 생애를
모두 사냥할 순 없어
시인은
거미줄 같은 시심을 부러워했다.

거품의 욕망

물거품을 내며 삶을 지탱하고자
방어의 문을 두드리는
너는 참 자랑스럽다
숲속 깊숙이 아니 토방마루 습한 곳에
놀이마당 만들어 달빛 속을 달음질하는
너는 참 자랑스럽다
통속을 비켜가며 죽음의 도전장이 밀려와도
발레 춤을 추었지
무거운 집 한 채 등에 업고 시속 없이
세상을 걸어가는 달팽이
출세의 길이라도 열었던가
세상 사람들은 널 위대하다 말했다
연심戀心를 달고 뛰며 사랑이 뭔지도 알고
증식이 뭔지도 알고 고독이 뭔지도 알았다
도시가 싫어 숨을 죽이며 습지를 택하는 너는
오늘도 자전하는 지구를 찾아
토양에 발맞추어 더듬이로 평생을 살아가겠지
허나 험한 세상 농산물 전부가 식량인 양
마구 먹어대다간 죽음의 길을 택하리라
지독한 농약에 생식공이 막히고

호흡공이 막히는 어둔 장막 속에서
둥지만 남기고 세상을 떠날지도 모른다는
동양달팽이 울릉도달팽이 제주밤달팽이
고동달팽이 가을 문을 붉게 켠다
거품의 욕망은 모두 너의 것이다

고양이 밥상

고양이 밥상이 늘고 있다
찬바람이 부엌문을 두드리는 날
들고양이 한 마리 이웃 개에 시달려
지친 눈칫밥이다

먹거리마저 놓쳐버린 하오
쓰레기장을 뒤지고 휴지통을 뒤지는
식욕의 충동
그 길에 구름은 자욱했다

밤새 길목을 지키던 가로등이 꺼지자
식기를 채우려는 고양이 시력이 환해진다
먹다 남은 음식찌꺼기에 박수를 치며
동공을 넓히는 들고양이
무얼 위해 노래 부르는가, 부러운 눈초리다

주면 주는 대로 먹고 살아야 할
운명의 야생동물
고양이 앞에 쥐는 맥을 못춘다
부모를 어디에 두고 자유를 위해

가정을 탈출했을까
창살 없는 감옥에 목숨을 건 고양이
오늘은 벽돌담을 둥지다
밉다가도 불쌍해 밥상에 씨를 뿌린다
새아침을 만나니 밥상이 텅 비었다.

그 무엇을 찾다

저자 미상의 책을
읽는다는 것은 의미가 있다
저자 미상의 책을
읽어가며 난 나를 돌아본다

당신은 그 무엇을 찾았나요

책을 팔려고 과대선전을 하는 것도 아닌
이 책에서 그 무엇을 찾으라고
권하고 싶을 뿐이다
그 무엇은 리더쉽 성공과 나의 동기부여에서
삶을 찾고 그 무엇 속에서
나를 발견하는 것이다

모두가 피땀 나는 아니 고달픈 생활에
허기를 채우는데 혼신을 다했다는 것에
존경스러워 그 무엇 삶의 줄거리에서
그대를 찾기 위해 온 몸은 열꽃으로 가득 솟았는가
당신 밖과 안에 내 영혼이 살아 있어
그 무엇을 찾으려는 신념이다

그 무엇은 나를 발견하고 나를 찾으며
산다는 것은 그리 쉬운 일은 아니다
택도 없이 부족한 사랑의 말을
이어가려면 일을 찾아서 게으르지 말고
그 무엇을 찾으려는 문은
노력과 눈물 앞에 열리는 문이다

그 무엇은 당신을 바로 설 수 있도록
삶의 지침을 내리는 것일까
그래서 난 당신 곁에서 별을 따고 싶다

꽃섬 거제도

거제섬을 꽃섬이라 부른 것은 섬 전부가 꽃으로 옷을 입고 살아서 꽃섬이라 부른다지요 사열한 가로수 상당수가 벚꽃이며 동백꽃이고 학동고개는 벚꽃터널을 이뤄 장관이지요 섬 안에 가볼 만한 곳은 두 노부부가 정답게 행복하게 사는 해안마을 공곶이라는 곳이지요 그 곳은 노부부가 맨손으로 가꾼 수선화가 태산을 이룬다지요

수선화 꽃이 태산이 된 것은 맨 처음 육지의 한 종묘상에서 주머니를 탈탈 털어 수선화 두 뿌리를 사다 텃밭에다 심은 게 첫 걸음이 되었다네요 세월은 흘러 흘러서 봄이면 수만 송이 수선화 꽃이 만개하여 샛노랑 꽃 대궐을 이루고 설유화는 눈 내린 듯 빛을 토해내고 종려나무의 너른 잎이 부채처럼 초록얼굴을 펼쳐낸다지요

섬 길은 험한 길, 비탈진 길, 급경사진 돌계단 타고 꽃구경 나온 사람들을 몰고 와 육지사람 냄새에 취한다지요 섬은 섬사람들의 놀이터이고 삶의 텃밭이며 노부부의 낙원인데 육지 사람들이 꽃향기에 취하려고 찾아온 걸보면 고난도 잊고 신바람 난다지요

공곶은 바다풍경이 신비롭고 짠물에 바다가 되어 갈매기랑 놀며 살다가 때론 보기 흉하게 육지 사람들이 와서 꽃을 캐가거나 똥을 눈다거나 돌담을 무너뜨리거나 하진 말아 주세요. 이렇게 당부한다지요 청결한 다짐의 동요 새삼 느껴지네요. 제주 섬 감귤나무도 숲을 이뤄 고집이 세다네요.

꽃밭 속의 분꽃

꽃밭 속에 속삭임을 들으러
꽃밭 속에 비밀을 캐러 오후의 길을 나섰다
오후는 어느덧 긴 잠을 자고나서야
기지개를 켰고 화장化粧을 시작했다
화장은 계곡에서 능선으로 능선에서 계곡으로
옅은 색부터 진한 색으로 길을 열고 길을 닫았다
꽃밭 속의 꽃인 분꽃은 석양을 등지고
미소를 짓기 시작했다
기도하며 어둠을 좋아하는 분꽃
너는 단발머리의 소녀다
미니스커트에 단발머리에 화장하고 외출하는 소녀
그는 룸싸롱에서 턱을 기대고 일하는
미니스커트를 입은 여인의 자태, 밤이 오길
기다리는 요조숙녀, 너는 꽃밭 속에
나팔수의 황제 분꽃, 미로를 여미는
여인처럼 사랑을 나눌 채비하며 문을 닫는다
저녁때만을 기다리는 희망의 분꽃
너는 한 밤의 요조숙녀인 단발머리 소녀다

나팔꽃

화사한 아침햇살이 문을 열자
부지런히 일어나는 아침의 나팔꽃
너를 볼 때마다 느껴오는 찬란한 전율은
나의 길에 행복의 옷을 입혀 주었지

촉촉한 아침이슬 머금은 채
미소를 던지는 아침의 나팔소리
거룩한 기상소리 언제라도 들려다오
반가운 그 음성은 나의 인생이며 노래라고
비에게 바람에게 햇살에게 마음을 전하네

우수수 바람 불어도
홀로 외줄기 인생을 걷는 바람둥이 꽃
너는 사랑을 파는 연주자였을까

오늘도 연보랏빛 창문을 열고
마음의 기둥에 기댄 너는 물안개처럼
안겨와 그리움을 심는다 아득히 먼 날 위해
아침의 꽃 나팔꽃을 심는다.

낙원동 벚꽃

낙원동은 쓸쓸하지 않았다
실버악단의 연주소리며 구경꾼들의
발자국 소리며 벚꽃 지는
목소리는 낙원동의 벗이었다.
주일 한 나절 바람은 나를 흔들고
나는 님을 흔들어 깨운다
사이사이 껴드는 봄빛 속을 채우던
벚꽃 잎새가 술잔 속에 낙화했다
쭈그러진 양은 잔에 감도는 막걸리 기운들
오랜만에 파고다공원에 오니 정신대가 떠오른다
원각사지 십층석탑이 시안視眼을 채운다
만해 한용운의 목소리가 들리는 듯
조금 더 삼일운동의 목소리 들리는 듯
조금 더 민족혼의 목소리가 들리는 듯
목청을 높여 부르노라
비린내 나는 그날의 함성을
"오등吾等은 자茲에 아我 조선의 독립국임과
조선인朝鮮人의 자주민임을 선언宣言하노라…"
돌담에 생생히 새겨진 피 멍든 흔적들
그 흔적은 긴 세월 남아 민족의 빛이 되리라

뉘엿뉘엿 기우는 막걸리 잔에 꽃잎이
떨어져 자전自轉하고 있다
삼일의 잔을 채우며
가난한 노천카페를 장식한
낙원동 벚꽃은 영원한 열사烈士였다.

만리향^{萬里香}을 심으며

 때늦은 눈바람이 하강하던 날 늙은 대덕교를 지나는 길에 세상구경 나온 묘목나무가 눈에 뜨였다. 소나무 대추나무 단감나무 영산홍 철쭉 천리향들이 다리 위에 누워있거나 바로 서 있거나 자유스런 육신이다. 해마다 한두 주씩 사다 심던 버릇에 올해도 한 주 사다 심을 의향^{意向}으로 묘목장에 깃발을 꽂았다.

 만리향이란 이름표가 붙은 나무가 눈이 깊었다. 꽃이 피면 꽃향기^{香氣}가 만리까지 가든지 안 가든지 그래도 오뉴월에 꽃순 열고 세상구경하는 날엔 향기가 멀리 소풍간다는 말이다. 신기한 이름으로 만리향 한 주를 거금 주고 샀다. 처음 보는 묘상은 인상좋은 아저씨께 몰골과 가지가 잘 생긴 놈으로 골라준다 말했다.

 늘 내 정원은 가족이 해마다 늘어서 좋다. 빽빽하게 들어선 나무들 금송이며 영산홍 철쭉나무와 소나무 단감나무 대추나무 동백꽃 라일락 매화 장미 사철나무 금낭화까지 한 몫이다.

 꽃은 꽃향으로 제 구실을 하도록 양지에 둥지틀어줘야 꽃이 핀다고 말했다. 비좁은 정원이지만 거실 창 앞에 돌보려고 정성껏 심었다. 사계절 만리향 이름으로 늘푸른 잎새를 볼 수 있기를 거미줄에 기대를 걸며 땅심^{土心}을 돋운다 잘 자라라고 사랑의 심지를 태운다.

떠나는 가을

잔잔히 흐르는 사랑이 있다
코스모스 꽃길 떠나는 가을이 있다
미움도 그리움도 지워버릴 수 없는
추억의 가을, 조용히 물드는 거리에 누워
결실로 차있던 자리를 비우고 있다
진솔한 자아 속에 피어난 애뜻한 사랑이여
화려한 단풍들이 산자락에 찬란하다
바람에 한 잎 두 잎 떨구며 노래하는 입술
살랑살랑 나의 초상은 말할 수 없는
운명의 단풍길은 초라하고 낯설어도 화음이다
노을은 초라하게 떠나는 가을 속으로 짙어온다
짙은 숲속에 살다 떠나는 소쩍새
떠나는 가을 때문에 잡을 수 없어 애련하다
하늘까지 물드는 갈대숲은 가을이
남겨준 사랑과 함께 허공을 본다.

무거운 하루

친구가 보내 온 소설책을 읽다가
비명이 날아와 책을 덮었다
나뭇가지 사이로 집과 집 사이로
흐르는 자유스런 바람은
조폭 같은 날카로운 주먹으로
목을 조이며 세상을 휩쓴다
길 위에 투하된 규화석이 무질서하다
무질서한 규화석 덩이 집어들어
귀를 열고 또 다시 노은리 소설을 읽는다
투쟁은 화염에서 화염병으로 시작되었다
위서 아래로
위에서 아래로 아래로 아래로
훑어 내린 최루가스에 의식을 잃었다
판단 없고 무고한 소방호스로
초점 없이 물총을 쏜다.
최류탄을 쏜다
달래도 떼를 쓰는 겁나는 화장터다

왜, 그리 무거운 하루를 보내야 하는건지

시류에 시달리다 먼 길 떠나신
어머니에게 여쭤봐야겠다.

물드는 가을소리

가로등 잠든 밤 된서리에 젖은 가을산에
단풍나무 잎새마다 오색등이 켜지자
꽃상여 나간다
이산 저산 산기슭마다
화조병풍花鳥屛風 둘러놓으니
조화로운 오방색 등 깜박깜박 세상을 밝힌다

가을은 달빛 내리는 소리가 아름답다
비었던 산하에 몸도 사색도 자유로 흔들거리며
재미있는 동화도 읽어준다

이슬 먹고 자란 숲속 나무들
가을 내리는 소리에 바람에 취해 있다
서해西海가 그리운 간사지 평야 황금들녘엔
알곡식이 채워지고 행복이 쌓여 밥을 익힌다
물드는 가을이 아쉬워 이력서를 쓴다

민들레 꽃

봄 문을 열고 하늘을 부르는 당신
별꽃으로 피고 있었다
오늘도 판교 옆 도로변에서 하량없이
나부끼며 천한 인품에 짓밟히고 있다
한강을 안고 도는
여의도의 사나운 시대위처럼
여기 저기서…

양서류의 일기

습하고 끈끈한 느낌이 좋다는
말에 귀를 기울였다
시사時事에 맞춰 다중방송에서 여는
환경스페셜 매주 수요일이면
지구를 TV에 올려놓았다

시민의 피로 제작비를 들여
꼼꼼하게 엮은 영상물
삼원색이 쏟아지고 습한 숲속이 우선이다
해맑은 햇살과 숲을 먹으며 사는
양서류 중에 우선은
무당개구리에 눈총을 쏜다

활어처럼 날뛰는 무당개구리
등은 청개구리요 배는 아오리사과다
토종개구리는 순한 퇴비와
비료를 주며 키워온 듯

다육지多陸地에 퍼져 있는 무당개구리
거창한 숫놈은 성욕이 강해서

마누라를 여럿 거닐어 짝짓기하고
아무거나 주워 먹는다고 유서를 남겼다
내가 본 환경스페셜에선
특유한 바람쟁이 양서류라 밝힌다.

에로스 가을

강 건너 온 가을밤에는
귀뚜라미와 여치가 밤을 지킨다
음향이 서로 다른 제 목소리에 밤을 지키고
계절을 찾은 목소리가 바쁘다

사람들도 마찬가지다
사람마다 생김새가 다르고 목소리는 달라도
사는 일에 불협화음 한 번 내지 않고
단란하게 산다면 얼마나 좋으랴
엇갈림이란 마찰에 높은 형^刑을 받아
웃음보다는 울음이 높다

이 세상을 밝히며 오는
에로스* 가을소리가 좋다
가을은 밤 계단을 타고 하강한다
기온이 내리고 서리가 내리고 살얼음을
잉태하는 마술쟁이, 국화 옆에서
낙엽이 지니 땅거미가 다이어트한다

신은 아름답다 신이 아름다운 건
세상을 조화롭게 밝히는 거
그 속세를 살아가는 온갖 미물들의
보금자리에서 가을을 듬뿍 익혀서
쓸쓸한 거리에 교향악을 전하며 시를 쏟다

살아온 고통이 얼마나 무거우랴
아니야!
사람들은 풀벌레 곁에서 애교 부리며
무게 없이 사는 사람들을
사랑으로 선으로 위로하며 사는 거야

* 절대의 선(善)을 영원히 소유하려고 하는 차원 높은 충동적 생명력

어항 앞에서

 댓가 없이 흔들어대는 금붕어 지느러미를 볼 때마다 나를 돌아본다 지구상에 삶의 무게를 거울삼아 맑게 살아가는 물고기가 탁한 물을 거부한다 눈의 무게가 어디까지인지 너도 나도 모르는 오늘의 삶 이제 좀 알 것 같다 네가 살고 있는 지구상에 구속 된 단 세 마리의 물고기가 세상을 제패하며 살아가는 걸 보면 행복해 보인다 더욱 행복해 보인다 세상을 보고 먹고 살겠다고 의식을 파는 삶의 물고기도 죄가 없다

 아침에 일어나 금붕어 어항 앞에 서면 입술을 내미는 본능의 지느러미를 흔들며 달려드는 삶의 요구 배고픔과 넉넉함의 여유는 얼마만의 차이일까 안타까움은 여전히 물 위에 떠 있다 먹이를 주고 물끄러미 바라보는 시선은 온 몸에 신열이 오른다 살면서 고통을 덜어 준다는 것은 참다운 행복의 열쇠다

지하철 3호선

지하철 3호선은 서울의 대동맥이다 서울 지리 잘 모르는 나의 길라잡이 전철이다 갈아타고 바꿔 타는 환승역마다 우주다 길눈이 어두운 나를 끌어당긴다 내 안식처다 서울지리 땡땡 모르는 촌놈도 3호선만 타면 어디든 갈 수 있는 방향제다

그리고 고속버스터미널은 전국 네트워크다 압구정역 지나 세상구경 옥수역 앞두고 한강철교는 위대한 역사다 3호선은 참 위대하다 유일한 철길수단이다 최근 나온 스마트폰으로 밀고 끌어당기며 로드뷰한다

요즘 손에 손에는 핸드폰시대 아이폰을 넘어 스마트폰이다 한강물살 잔잔히 흐름이 바뀌고 바뀌는 순간 한강에 유람선도 제멋이다 번개 치는 정보통신시대 지하철 3호선은 영원한 나의 길라잡이다 문명의 시대에 위대한 방향등이다 백수를 살아도 3호선은 영원한 지름길이다 다시 깨어난 대동맥 혈관이다

청문회

청문회가 열린다
죄 없는 핸드마이크를 붙들고
외치는 여름 매미
이 땅에 태어나 저 땅으로 가는 것도 아닌데
왜 저리 목소리가 높으랴

풀잎이 물든 후 단풍 들어
영락없이 추풍秋風에 낙엽이 되는 걸
누구나 그렇게 시드는 걸
무소유를 외치던 법정스님도 열반하셨고
김추환 추기경도 선종하셨다

세상 사람들은 내가 사는 주위도 모른 채
마냥 날개를 편다
욕심 욕망 많이 가지고 산다
좁은 법정에서 한 해를 보내고
마침내는 쇠고랑을 차고 마침내는
푸른 수형번호를 반듯하게 가슴에 단다

우린 희망을 위해 어디까지 외치는가
종종 터지는 성추행 사건들
불쌍한 여인들이 고통의 열쇠를 차고
상대 사내는 스포츠 모자를 쓰고
컴퓨터 앞에서 질문을 받으며 자백한다
부정이라면 열쇠를 찬다
혐의가 더 세면 질긴 전자발찌를 찬다

자연은 순리를 먹고 산다
가을은 풀벌레 우는 교향악의 계절이다
곡 좋은 노래 있어 가수들은 제 세상이다
큰 절에서 선사음악회가 열리는 계절이다
사람들은 풀벌레 곁에서 애교로 산다
수형의 주인공들이 모두 뉘우치는
청문회가 열렸으면 좋겠다.

어머니 손끝

평생 고통을 이고 사신
어머니의 손끝에는
얼큰한 보쌈김치 맛을 냈다

어릴 적
광솔 냄새에 젖은 그리움에
솜바지 저고리 입던 추억도 찔레꽃 같이
하얀 향기가 흘렀다

목화 꽃 엮어 목화솜 타서 짜고 짠 옥양목
불빛 아래선 어머니의
땀과 눈물이 유난히 밝았다.

희미한 등잔 불빛 속으로 끼어드는
마디마디 어머니 손끝에 맺힌
사연은 잊을 수 없다

망개떡은 밤을 깨운다

사계절이 가는 외로운 어둠의 거리에
햇살이 내려지면 골목길은
망개떡 길로 부산하게 밤을 깨운다
숲속은 몰라라 기우는 솔가지 사이에
영글던 숙명들 망개나무 잎사귀에 싸여서
인심을 나누는 떡은 익어 멍개떡이며
자물쇠 채워진 밤길은 강추위에 몸부림이다
외치는 바람의 메아리에 나를 태우는
생명의 아우성은 철길처럼 길다
망개나무 넝쿨이 암과 피부질환
고혈압에 좋다고 선전하지만
줄기찬 잎사귀에 사랑 실은 겨울밤은
달빛으로 떡잎으로 태어난다
어머니가 빚은 음력보름의 망개떡
한 겨울 열매 없이 자란 계절의 떡
옛날 석유등잔 태우는 전설 같은 망개떡이다
입술 타듯 사랑받은 장식 없는 살떡이다
은혜 받은 달동네 골목 떡이다.

충주댐

 비만하던 몸짓이 허리가 뚜욱 잘려 숲은 볼 수 없고 바위와 산만 볼 수 있었다 목이 잘리고 체중이 감소한 그대로 고개를 들고 충주댐에 와서 수위가 중요한 걸 이제 알았다 수위가 높을수록 수량이 많고 키가 크다는 것을 쪽배에 마을을 싣고 꺼져가는 물길을 알았다 촉각을 세운 그의 손길 나는 이제야 수문지기의 아픔을 알았다 수위가 떨어지는 댐 사이로 유람선의 뱃사공 유행가가 호수에 물안개로 퍼져서 떨어지는 수위 따라 꽃잎의 노래는 포항 댁까지 전달되었다 경고 없이 이름난 충주댐은 한국의 중심 호수라 운명으로 자매결연을 맺어야 한다

    경사진 숲과 숲 사이로 쇠냄새 나는 철소식을 들려준다
    남에선 북으로
    북에선 남으로
    고리를 채준 포항댁도 잘 있다는데…

《홍윤표의 시세계》

서정적 자아의 가치관과 자연관

김 송 배
시인. 한국문인협회 부이사장

1. 삶의 궤적(軌跡)과 자아 인식

현대시의 기능은 자기의 정화(淨化-catharsis)라는 대명제에서 의미를 부여하는 경우를 자주 대할 수 있다. 이는 아리스토텔레스가 일찍이 그의 저서 『시학』에서 말한 대로 '비극은 어떤 행위를 모방한 것으로서 애련(哀憐)과 공포에 의하여 이것들의 정서 특유의 카타르시스를 행한다'고 해서 자기 정화를 논한 바가 있어서 한 시인이 창출한 시적 이미지나 주제는 바로 그 시인의 정서와 사유(思惟)에서 창조한 진실이기 때문이다.

이러한 정서의 정화는 그 시인이 체험한 삶의 궤적에서 추출한 인식이 바로 그 시인의 인생관이나 가치관으로 정립될 수 있다는 가능성이 시인들의 자존(自尊)과 일체감으로 긍정할 때 비로소 한 편의 완성된 작품으로서 기능을 다하게 될 것이다.

여기 홍윤표 시집 『위대한 외출』을 일별하면서 정화의 개념을 먼저 내세우는 것은 그가 시적 상황을 설정하고 주제를 탐색하려는 주요 핵심적인 주제가 바로 자아를 인식하는 과정에서 현대의 삶과 상충(相衝)하거나 대칭하는 절박성이 그의 대사물관(對事物觀)에서 발현하는 정서의 정화라는 점을 간과(看過)하지 못한다.

홍윤표 시인은 이러한 모든 시적 대상물에서 접맥(接脈)시키는 이미지의 원류는 그가 지나온 삶의 궤적에서 수용한 인본주의적(humanism)인 순정적인 서정성을 배제할 수 없다는 그의 진실이 작품 전체를 휩싸고 있음을 이해하게 된다.

> 사람들의 인격은 별이다
> 누구나 가진 재능도 별이다
> 미워하고 증오하고 멸시하는 일
> 그건 모두 죄이다
> 모두 죽어가는 것
> 삶의 끝이 아니라 시작이다
> 오늘밤 지나면 모두 봄날이다
> 땅에서 싹이 트고 산에서 이름나고
> 지상에서 꽃이 피고 향기를 낸다
> 난 오늘도 별을 향해 길을 걸어야만 한다
> 우리가 살며 걸어가는 건
> 모두가 상생하는 길이다
> 상생을 위해서 삶은 언제나 신명이 나고
> 어진 자의 삶에 길이 하늘처럼 열리니
> 사람들이 가는 길은 모두
> 허사가 아니다
> ―「상생의 길」 전문

우선 위의 작품에서 분사(噴射)하고자 하는 '상생의 길'은 어떤 것인가. '사람들의 인격은 별'이라는 도입부분에서 알 수 있듯이 '삶의 끝이 아니라 시작이다'라는 긍정의 정의는 이와 같이 홍윤표 시인의 자아 인식의 단계라는 것을 유추하게 한다. 그가 결론으로 적시(摘示)하는 '우리가 살며 걸어가는 건/ 모두가 상생하는 길이다'라거나 '어진 자의 삶에 길이 하늘처럼 열리'는 것들이 그에게서는 '삶'의 지표나 목적으로 공감의 메시지를 전해 주고 있다.

　이러한 '상생(相生)'이라는 시적 명제를 통해서 '세상을 속삭이며 사는 모습이 인생이란다'거나 '밤길에 세상을 바로보고 잠들기 전에/ 달빛이 흐르는 길을 더듬어 보고/ 어수선한 세상도 바로 읽는다(이상 「새들의 집에는 지붕이 없다」 중에서)'는 확신과 같이 그는 '삶의 내부를 보여'주는 자신의 인식을 적나라(赤裸裸)하게 확인시켜주고 있다.

> 모두가 피 땀나는 아니 고달픈 생활에
> 허기를 채우는데 혼신을 다 했다는 것에
> 존경스러워 그 무엇 삶의 줄거리에서
> 그대를 찾기 위해 온 몸은 열꽃으로 가득 솟았나
> 당신 밖과 안에 내 영혼이 살아 있어
> 그 무엇을 찾으려는 신념이다
> 　　　　　　　　　―「그 무엇을 찾다」 중에서

> 외치는 바람의 메아리에 나를 태우는
> 생명의 아우성은 철길처럼 길다
> 망개나무 넝쿨이 암과 피부질환

고혈압에 좋다고 선전하지만
줄기찬 잎사귀에 사랑 실은 겨울밤은
달빛으로 떡잎으로 삶의 상흔을 치유한다
　　　　　　　─「망개떡은 밤을 울린다」 중에서

  그렇다. 홍윤표 시인은 그의 삶의 궤적에서 생명수로 뽑아올린 이미지가 바로 '고달픈 생활에/ 허기를 채우는데 혼신을 다했다는 것'이라는 진실과 만나게 되고 '삶의 줄거리'는 '당신 밖과 안에 내 영혼'이 생동하는 그의 '신념'이라는 정서의 중심축에서 자아의 인식을 이해하게 된다.

  또한 그는 '나를 태우는/ 생명의 아우성'이 결론적으로 '삶의 상흔을 치유'하는 한 방법으로 형상화하는 데서 그가 탐색하려는 자아가 명징(明澄)하게 현현되고 있어서 '어머니가 빚은 음력 보름의 망개떡'의 전설이 그의 삶의 실체로 각인(刻印)되고 있음을 이해할 수 있다.

  홍윤표 시인의 이와 같은 삶의 현장이나 사유의 범주(範疇)는 다양하게 형상화하고 있는데 특히 주목할 수 있는 그의 인식은 '댓가 없이 흔들어대는 금붕어 지느러미를 볼 때마다 나를 돌아본다 지구상에 삶의 무게를 거울삼아 맑게 살아가는 물고기 탁한 물을 거부한다 눈의 무게가 어디까지 인지 너도 나도 모르는 오늘의 삶 이제 좀 알 것 같다(「어항 앞에서」 중에서)'는 인식의 감도(感度)가 더욱 확실해지는 상황과 시적 진실에서 공감의 영역을 확대하고 있음을 알 수 있다.

  이 밖에도 많은 작품에서 삶과 융합(融合)하는 소재와 주제가 더욱 그의 인식의 심도(深度)를 차원 높게 확인시켜주는 시법

(詩法)으로 우리들의 감응(感應)을 흡인(吸引)하고 있어서 그의 삶이 곧 시라는 궁극적인 진실과 합일(合一)하고 있음을 이해하게 한다.

2. 농심(農心)과 시의 사회성

홍윤표 시인은 다시 인본주의적인 서정성에서 그의 시야(視野)를 더욱 확대해서 사회적인 현실과 마주하게 된다. 이는 그가 정서에 오래도록 침전(沈澱)되어 있는 농심에의 이미지를 재생하면서 현실적인 고뇌를 토로(吐露)하는 시법으로 형상화하고 있다.

그가 다년간 공직에 재임하면서 접하게 되는 사회적인 현실 특히 농촌의 실상들이 그의 시각적인 이미지로 부각하면서 그의 내면에 잠재(潛在)한 인간적 혹은 서정적 진실이 시의 사회성을 더욱 확고하게 존치(存置)시키는 큰 역할을 담당하면서 어떤 문제점을 간과하지 못하고 있다.

시의 사회성은 잘 아시는 바와 같이 우리 인간은 고립된 상태에서 생활할 수가 없어서 어떠한 형태로든지 서로 교류하고 집단을 이루면서 사회를 형성하게 된다. 현대시도 의식적이든, 무의식적이든 이러한 사회적 현실에 직면하여 거기에서 주제를 탐색하는 것은 당연하다.

> 빈 몸으로 처마 밑에 매달려 졸던 못줄이
> 세월의 껍질을 벗고 물꼬 튼 논두렁에 기댄다
> 물줄기는 좁은 실개천 따라

긴 용수로까지 얼마나 시달려 왔을까
겨울엔 지친 기색이다
탁한 막걸리를 마시며
농가월령가 울려 퍼지는 한 나절
녹슨 경운기 트랙터 이앙기는
발가락 멈출 새가 없다
농가대열에 앞장서 노도怒濤를 외치는
어린 망아지 맥박따라
비단결 깔아 놓인 자운영 꽃들은
봄 문을 열고 행열이다
붉게 물든 자운영 꽃이 방실거린다
맨발벗은 육묘들이 좁은 논틀에서 차례를
기다리지만 봄내 기다린 못줄은
어디로 숨으랴, 쥐구멍이 없다
물꼬 튼 농력農歷의 깊이도 길고 깊어
개나리꽃 햇살에 그을린 가난한 못줄은 이제
그 분노와 열정은 침해할 수 없었다.
─「가난한 못줄」전문

 그는 이처럼 농촌의 실재(實在) 상황을 시적 정황으로 도입해서 현재의 농심을 진술하게 현현함으로써 그가 탐구하면서 피력(披瀝)하려는 진실의 의도가 재현되고 있음을 주목하게 된다.
 그가 결론으로 제시한 '햇살에 그을린 가난한 못줄은 이제 / 그 분노와 열정은 침해할 수 없었다.'는 화자의 어조(語調)는 '탁한 막걸리를 마시며/ 농가월령가 울려 퍼지는 한 나절'에 전개되는 농촌 풍경에서 그가 체득(體得)한 이미지는 단순한 '분노'가 아닌 시의 사회적인 기능을 적시하고 있다.
 이러한 '농력(農歷)의 깊이'는 '철기시대 훌륭한 유물로 만들어진/ 딤채 때문에/ 김장철을 장담 못하는 인정들/ 풍요 속에 장애자가 되었어/ 배추 값은 분료(糞料) 값이 되었어(「딤채 때문에」 중에서)'라는 우리 농민들의 애환이 중심이 된 주제를 이해하게 한다.

> 시장은 늘 선거전이다
> 빌딩 숲이 서며 빈들거리며 유세장이 바쁘고
> 생선전도 비린내가 난다
> 오피스텔마다 선거사무실 임대가 나가고
> 장사가 안 된다고 줌마타령 멜로디가 높으니
> 서리콩이 비싸다
> 올해는 배추값이 더 금값이다
> ―「선거열전」 전문

  홍윤표 시인의 농심에 대한 시적 열정은 '서리콩이 비싸다 / 올해는 배추값이 더 금값이란다'는 격한 어조는 바로 농촌 아니 농가의 여망이나 소망이 절망으로 변질돼가는 현실적 비평이 내재되어 있다.

  우리 현대사회에는 삶에 대한 모순이나 불합리가 노출되어 있다. 이러한 농민들의 갈등이나 고뇌가 시인의 정서를 통해서 승화하거나 형상화하는 경우로 현현되고 있어서 그 주제가 우리 사회에 대해서 다루는 능동성(能動性)으로 시적 위의(威儀)를 말하거나 그 감응을 확대하는 시법이 공감을 유로(流路)하고 있는 것이다.

  여기에서 홍윤표 시인의 가치관을 이해하게 되는데 이는 그의 천성적인 서정적 자아를 통해서 소박한 생활시에서부터 사회의 비평적 작품 등 광범위하게 포괄하는 그의 시적 경향은 그가 추구하려는 인간적인 진실이 어디에 있으며 무엇을 지향하고 있는가를 예측(豫測)할 수 있는 사유의 원류가 되고 있는 것이다.

그는 이 밖에도 작품 「복지겸 호령소리」에서 '세월에 닫힌 동문을 열고 남문을 열고/ 두견주 술 익는 마을마다 꽃피는 농가월령가/ 에헤라 더덩실 행복한 아침이 밝아온다'거나 작품 「검은 슴새」에서 '농사도 짓고 독도에 집을 지었다' 그리고 작품 「가의도」에서도 '독신으로 사는 섬에 육쪽마늘 본산지'라는 등의 어조로 농심에 대한 서정성을 분사(噴射)하고 있다.

3. 자연 서정의 시간과 공간

홍윤표 시인에게서 다시 주시할 부분은 친자연적인 시적 형상화가 그의 주요한 정서의 진면목(眞面目)이라고 할 수 있다. 왜냐하면 그는 이러한 자연 서정을 통해서 그가 정화하거나 도취(陶醉-narcissism)하려는 시적 본령(本領)이 여실(如實)하게 발현되는 점에서 그의 서정적 자아의 진원지를 이해할 수 있기 때문이다.

이러한 서정적 자아의 원형은 김준오 교수의 이론에 따르면 독일의 극작가 쉴러(schiller)가 주장한 '자연으로서 존재'하든가 아니면 '상실한 자연을 추구'하든가의 두 가지 경우로 나누어서 전자는 '소박한 시인'이며 후자는 '감상적 시인'이라고 분류하고 있다.

>잔잔히 흐르는 사랑이 있다
>코스모스 꽃길 떠나는 가을이 있다
>미움도 그리움도 지워버릴 수 없는
>추억의 가을, 조용히 물드는 거리에 누워
>결실로 차있던 자리를 비우고 있다
>진솔한 자아 속에 피어난 애뜻한 사랑이여
>화려한 단풍들이 산자락에 찬란하다
>바람에 한 잎 두 잎 떨구며 노래하는 입술
>살랑살랑 나의 초상은 말 할 수 없는
>운명의 단풍길은 초라하고 낯설어도 화음이다
>노을은 초라하게 떠나는 가을 속으로 짙어온다
>짙은 숲속에 살다 떠나는 소쩍새
>떠나는 가을 때문에 잠을 수 없어 애련하다
>하늘까지 물드는 갈대숲은 가을이
>남겨준 사랑과 함께 허공을 본다.
>―「떠나는 가을」 전문

보라. 홍윤표 시인의 서정성은 이 작품에 일별할 수 있듯이 우선 시간성에서 이미지를 추출하는 경향을 읽을 수 있는데 여기 '가을'은 계절적인 변화의 단면에서 적출(摘出)해낸 서정성은 그 이미지가 다양하게 분사하고 있지 않는가.

그는 이 시간성 즉 사계절에서 투영하는 이미지나 주제는 어디까지나 서정을 바탕으로 해서 그가 구현하려는 친자연과 인간의 상관성에서 주제를 타구하려는 시적 상황을 살펴볼 수가 있다.

그는 '미움도 그리움도 지워버릴 수 없는/ 추억의 가을,'이라고 묘사함으로써 가을에 관한 이미지는 그가 우선 '떠나는 가을'로 '짙은 숲속에 살다 떠나는 소쩍새/ 떠나는 가을 때문에 잠을 수 없어 애련하다'거나 '하늘까지 물드는 갈대숲은 가을이/ 남겨 준 사랑과 함께 허공을 본다.'는 그리움과 허무의식이 물씬 풍기는 서정성을 확인하게 된다.

또한 그는 특히 가을에 대한 집념으로 많은 작품을 승화하고 있다. '가을은 달빛 내리는 소리가 아름답다/ 비었던 산하에 몸도 사색도 자유로 흔들거리며/ 재미있는 동화도 읽어준다(「물드는 가을 소리」 중에서)'거나 '강 건너 온 가을밤에는/ 귀뚜라미와 여치가 밤을 지킨다/ 음향이 서로 다른 제 목소리에 밤을 지키고/ 계절을 찾은 제 목소리가 바쁘다(「에로스 가을」 중에서)'는 등의 어조에서 그의 가을을 확인할 수가 있다.

그는 특이하게 이 가을의 정취(情趣)에 관해서 집착하고 있는 경향을 살필 수가 있는데 '반가운 마중물따라 가을 늪에 빠진다는 것은/ 적막을 일깨는 소용돌이였을까/ 비린내 나는 갯뻘에서 바지락을 벗삼아/ 뻘밭을 갈며 사는 나는/ 삶의 존재를 심었다.(「붉은 노을에 가을이 탄다」 중에서)'는 서정적 인식이 공존하고 있다.

> 젊음을 부르는 함성처럼 돌아온
> 봄의 남새밭에
> 우수의 비가 나리면 내 가슴엔 언제나
> 사랑의 강물 되어 넘쳐흐르는 봄빛이여
>   — 「봄빛은 강물처럼 흐르고」 중에서

그는 이처럼 고르게 사계절의 이미지를 창출(創出)하고 있는데 봄에서는 생명이 약동하는 '사랑의 강물'로 나타난다. 그리고 '소녀의 왕 눈처럼 올망 똘망한 꽃들/ 나는 봄보다/ 먼저 꽃에 다가가 정을 주겠다/ 사랑을 주겠다.(「봄보다 먼저 꽃에게」중에서)'라는 봄의 이미지가 확연하게 침잠되어 있다.

> 나에겐 간절한 소망과 이름들, 행복한 이름들
> 임기 말기에 쏟아지는 야유와 투정들
> 그래도 잘 했다 칭찬해주는 너그러움
> 그 사랑이 미움을 너그러움으로 용서하리
> 죄 많아 거리를 활주하는 것도 아닌
> 소중한 사랑들 겨울에도 큰다.
> ―「사랑엔 겨울이 없다」중에서

다시 그는 겨울에 관한 이미지도 배제할 수 없다. '소중한 사랑들 겨울에도 큰다.'는 결론적인 어조는 그가 평소에 내재(內在)된 신념의 한 부분이 작품으로 형상화하면서 그가 여망하던 일상적인 정서가 우리들의 관심을 흡인하고 있다. 작품「겨울 가로등」「위대한 외출」등에서 겨울 이미지를 유추할 수 있게 한다.

이처럼 시간성과 대칭이 되는 공간개념에서도 그의 서정성은 빛나고 있는데 작품「미소짓는 가야산」에서 '가야산이 넝큼 웃는다/ 서해 한 가운데 기운을 세운 산/ 가야산은 계룡산에 이어 명산이다' 혹은 작품「꽃섬 거제도」에서 '거제섬을 꽃섬이라 부른 것은 섬 전부가 꽃으로 옷을 입고 살아서 꽃섬이라 부른다지요 사열한 가로수 상당수가 벚꽃이며 동백꽃이고 학동고개는 벚꽃터널을 이뤄 장관이지요' 그리고 작품 「이화원을 돌아보며」에서도 '화합과 상생의 정원이라는 곳/ 녹색산업 현장의 꽃이 피어 반겼다'는 등의 상황과 어조는 공간적인 서정을 확인할 수 있게 한다.

이 밖에도 구름과 바람, 새, 두루미, 나무의 눈, 강물 등을 소재로 한 서정 작품을 많이 대할 수 있다는 것은 홍윤표 시인의 정서와 서유의 폭이 서정적 자아에서 발원한 순정적인 시학을 근원으로 했음을 유추할 수 있게 한다.

4. 식물성에서 창출하는 서정성

홍윤표 시인은 친자연 서정에서 중심축을 이루는 것이 식물성이다. 그는 너무나 많은 주변의 식물에서 그가 관심있게 주시한 상황들과 이미 체득한 체험들이 숙성되어 있어서 그의 순박한 내면의 진실에 접근할 수 있게 한다.

이러한 자연관은 우리 인간의 정서나 사회에 좋은 혜택을 주는 낙관적인 견해가 가능해 진다. 김준오 교수의 시론에 의하면 '비정적(非情的) 타자성(他者性)'이라는 논지로 자연의 인격화라는 감상적 오류(誤謬)라고 설명하고 있다.

이 논리는 필자가 자주 인용하는 부분인데 이렇게 자연을 인격화하는데는 동화(同化)와 투사(投射)라는 두 가지 원리가 작용하게 된다. 먼저 동화(assimilation)는 그 시인이 만유(萬有)의 자연을 자신 속으로 끌어와서 그것을 내적 인격화하는 것이고 투사(project)는 자연 속에 자신을 상상적으로 투여하는 것 곧, 시인은 정체가 없기 때문에 그가 계속해서 어떤 다른 존재를 채우는 시법을 말한다.

여기에서 우리들이 자연관에서나 자연관찰에서 유념할 문제가 시인이 자연을 어떻게 해석할 것이냐에서 내가 직접 자연 속에 들어가서 그 자연 사물이 될 것이냐, 아니면 객관적으로 멀리서 자연을 관망(觀望)하면서 지적인 사유를 투영할 것이냐 하는 상황에서 작품의 지향점이 별개로 나타난다는 점이다.

> 대숲에 스쳐오는 바람소리에
> 나는 또 하루가 큰다
> 앞뜰 뒤뜰에는 인류의 기운을 세우기 위해
> 지번마다 깃발을 달고 맑게 흐르는
> 산 숲의 말간 오수찌꺼기까지
> 그래도 우리네가 살려면 그걸 마셔야 사느니
> 영파산 숲에서 자라는 참나무와 소나무
> 비발디의 오후 노랫가락을 들으며
> 아니 불경소리를 마시며 산다
> 공방에서 홀로 수심을 풀며 안부를 묻는 일
> 식솔의 목소리를 듣는 일
> 모두가 넉넉한 충만을 채우기 위함일까
> 울리고 깨우고 채우고 싶어 하는
> 충만한 가슴들, 늘 속을 비우며 사는 거
> 무소유로 사는 일에 사랑을 건다
> 대숲을 울리는 바람소리에 귀를 연다.
> ―「대숲을 울리는 바람소리」 전문

우선 홍윤표 시인은 '대숲'이라는 자연 사물을 '바람 소리'라는 청각적인 이미지를 복합적으로 투영함으로써 시적 효과를 높이고 있는데 여기에서 화자 '나'는 위에서 말한 투사의 인격체로 우리 곁에 남아 있다. 그것은 '나'라는 자신의 인격체가 대숲에서 바람소리를 들으면서 '불경소리를 마시며' 살거나 '늘 속을 비우며 사는' 일에 익숙해져 있다.

이러한 시적 정황은 홍윤표 시인이 자연을 접하는 정서의 중심에 그가 지향하려는 내적인 안온(安穩)과 '울리고 깨우고 채우고 싶어 하는' 그의 기원의식도 포괄하고 있어서 서정적인 자아의 인식은 친자연의 한 부분에서 인생관을 탐미적(耽美的)으로 응시하고 있다.

> 우수수 바람 불어도
> 홀로 외줄기 인생을 걷는 바람둥이 꽃
> 너는 사랑을 파는 연주자였을까
>
> 오늘도 연보랏빛 창문을 열고
> 마음의 기둥에 기댄 너는 물안개처럼
> 안겨와 그리움을 심었다 아득히 먼 날 위해
> 아침의 꽃 나팔꽃을 심는다.
> ―「나팔꽃」중에서

홍윤표 시인은 이처럼 자연의 인격화에는 대체로 투사의 기법을 활용하고 있는데 이 '나팔꽃'에서도 그는 '나팔꽃=너'라는 등식으로 화자를 내세워서 '사랑'과 '그리움'이라는 주제를 심화(深化)시키고 있다.

그는 다시 '반가운 그 음성은 나의 인생이며 노래라고/ 비에게 바람에게 햇살에게 마음을 전하'고 있어서 이 '나팔꽃'으로 탐색하는 그의 인생관이 어쩌면 우리 공통의 정서가 아닐런지 하는 공감이 흐르고 있다.

그는 작품 「천사의 나팔꽃」에서 '너는/ 밤의 교향곡이라도 들려주렴/ 길을 가다 막히면/ 독성을 품고 내숭떤다니/ 네 앞에서 사랑한다 어히 말하랴/ 독을 품고 사는 몸이 되어/ 언제나 가슴 조인다/ 고개를 들라'라는 다른 어조의 '나팔꽃'을 만날 수 있다.

이와 같은 그의 서정성은 '민들레꽃', '만리향', '벚꽃', '분꽃', '아카시아', '산수유', '단풍', '구절초', '갈대밭', '국화꽃' 등 식물성에서 많이 취택하고 있어서 그가 여망하는 서정의 원류는 바로 이러한 식물적인 화훼류(花卉類)에서 식물들의 언어를 듣고자 하는 그의 순박성을 엿볼 수 있게 한다.

그는 '언제나 미당의 뜰에 핀/ 국화꽃을 보면 진하게 타오를 / 가을의 국기를 보듯 슬프고 진한 가슴안고/ 그 영혼의 눈물을 흘리리라(「국화꽃」중에서)'라는 어조에서와 같이 그의 순정적 이미지가 서정의 맑은 '영혼의 눈물'로 가득 차있다.

이제 홍윤표 시집 『위대한 외출』 읽기를 마무리해야겠다. 그가 탐구하는 주제는 삶과 연결하는 자아 인식의 확인이며 그가 현재 살고 있는 농촌주변의 생활상을 통한 사회적인 고뇌와 갈등 등이 작품을 통해서 농심을 일깨우는 일과 서정성의 창출이다. 이러한 서정성은 친자연적이며 친자연의 시간과 공간의 이미지를 적절하게 구성하는 시법을 이해할 수 있을 것이다.

그가 '시인의 말'에서 이미 언급했듯이 '세월은 침묵으로 옷을 바꿔 입으면서 흐른다. 평소 소월시인의 『진달래꽃』 시를 좋아했다. 시를 읽을 때 마다 느끼는 시적 이미지는 사랑과 이별을 아름답게 노래했다. 사랑과 이별은 상대적이다. 그러므로 우리 인간은 상대적으로 세월을 먹으며 산다.'는 언지와 같이 그의 내면에는 순수하고 순정적인 친자연의 이미지가 그의 작품에서 차원 높은 주제를 투영하고 있음을 알 수 있다.

그러나 일찍이 영국의 시인 셸리가 말했듯이 시는 최상의 마음의 가장 훌륭하고 행복한 순간의 기록이며 그것이 영원한 진리로 표현된 인생의 의미라는 명언을 되새겨야 할 것이다. 우리 시인들은 어차피 인본주의의 범주를 떠나 작품을 완성할 수 없음을 잘 알고 있기 때문이다.

그가 38년간의 공직을 정년퇴임하면서 그의 인간미를 창출한 작품들의 의미는 더욱 진솔하면서도 인간과 자연의 조화와 융합을 이루는 그의 철학이 내포되어 있음을 우리는 공감하게 된다. 시집 출간을 축하한다.

○ 홍윤표 시인이 걸어 온 공무원(公務員)의 길 ○

· 청운의 푸른 꿈을 안고 국가와 민족을 위해 지방행정공무원이 되고자
· 당시 5급 을류 지방행정직 공개경쟁시험에 응시 합격하다(1971년 11월 13일)
· 서산군 안면면사무소에 지방행정서기보시보로 신규 임용되다(1973년 2월15일)
· 서산군 안면면에서 당진군 송악면으로 전출되어 새마을업무를 보다(1974년 7월20일)
· 당진군 송악면에서 고대면으로 발령을 받아 새마을 업무를 보다(1974년 8월 10일)
· 지방행정서기보에서 지장행정서기로 승진하다(1976년 4월 1일)
· 고대면에서 당진읍사무소로 발령받아 새마을 업무를 보다(1977년 1월 15일)
· 지방행정서기에서 지방행정주사보로 승진하다(1978년 10월 18일)
· 다음 해 당진읍에서 당진보건소로 발령받아 보건행정에 임하다(1979년 2월 8일)
· 당진보건소에서 당진군 새마을과로 전보되다(1983년 5월 9일)
· 지방행정주사보로 승진 후 새마을과에서 민방위과로 전보되다(1984년 7월 16일)
· 당진군(이하 군) 내무과 서무계로 전보되다(1988년 6월 28일)
· 군 내무과에서 지방행정주사로 승진되어 내무과 민원실장으로 보직 받다(1989년 2월 16일)
· 군 내무과에서 지역경제과 지역경제계장으로 전보되다(1989년 2월 16일)
· 군 지역경제과에서 민방위과 민방위계장으로 전보되다(1994년 4월 1일)
· 군 민방위과에서 문화공보실 문화관광계장으로 전보되다(1996년 7월 15일)
· 군 문화예술계장에서 환경보호과 환경관리담당으로 전보되다(1998년 10월10일)
· 군 환경보호과에서 당진군의회 총무위원회 전문위원으로 임용되다(2002년 9월7일)
· 군 지방행정사무관 승진요원 인사위원회 심의 결정(2006년 2월)
· 지방행정사무관 승진과정 행정안전부 지방행정연수원 입교하다(2006년 6월 19일-8월 11일까지)
· 지방행정사무관 교육 후 군 재난안전관리과 민방위팀장 임용되다(2006년 8월11일)
· 지방행정사무관에 임용되어 군 의회 수석전문위원으로 임용되다(2006년 8월 24일)
· 군 의회 수석전문위원에서 군 고대면장으로 임용되다(2007년 7월 6일)
· 고대면장에서 대호지면장으로 임용되다(2008년 6월 3일)
· 대호지면장에서 정년퇴임을 위한 이임식을 갖다(2009년 12월 23일)
· 정년퇴임을 위한 공로연수를 받다(2010년 1월 3일- 6월 30일)
· 충청남도 지방행정연수원 미래설계반 교육연수에 입교하다(2010년 4월-5월)
· 영예로운 정년퇴임에 임하다(2010년 6월 30일)

위대한 외출

홍윤표 시집

발 행 일	|	2013년 10월 16일
지 은 이	|	홍윤표(洪胤杓)
발 행 인	|	李憲錫
발 행 처	|	오늘의문학사
출판등록	|	제55호(1993년 6월 23일)
주　　소	|	대전광역시 동구 삼성1동 125-6 한밭오피스텔 401호
전화번호	|	(042)624-2980
팩시밀리	|	(042)628-2983
홈페이지	|	http://www.lito77.co.kr(홈페이지)
전자우편	|	hs2980@hanmail.net
공 급 처	|	한국출판협동조합
주문전화	|	(070)7119-1741~2
팩시밀리	|	(031)944-8234~6

ISBN 978-89-5669-575-4
값 10,000원

ⓒ홍윤표.2013

* 지은이와 협의하여 인지는 생략합니다.
* 잘못된 책은 바꾸어 드립니다.
* 이 책 내용의 전부 또는 일부를 사용하려면
　반드시 저작권자와 출판사의 동의를 받아야 합니다.